Inhalt:

10

DIE TANK STORY

Herausgegeben von Andrew Kershaw

Deutsche Übersetzung von Hans G. Schneider
Redaktion: Hans H. Werner

Herstellung erfolgte in Great Britain by
Waterlow (Dunstable) Limited

Heyne Bildpaperback

ISBN 3-453-52015-7

DIE TANK STORY

Erste Schilderungen von gepanzerten Fahrzeugen finden sich schon bei H. G. Wells und anderen utopischen Schriftstellern. Doch ihre Verwirklichung scheiterte lange am Mißtrauen und an der Gleichgültigkeit der Militärs. In diesem Beitrag beschäftigt sich Kenneth Macksey mit den Gründen, die eine frühzeitige Einführung der revolutionären „Panzerwaffe" verhinderten.

Am 1. Juni 1915 erfuhr Oberstleutnant Ernest Swinton, daß seine Abkommandierung als „Augenzeuge" zur britischen Armee in Frankreich beendet werden sollte. Am gleichen Tage leitete er dem Hauptquartier eine Studie über Einsatzmöglichkeiten „gepanzerter Maschinengewehr-Zerstörer" zu. In seiner Darlegung, wie man mit Hilfe der Artillerie eine Gasse durch die deutschen Schützengräben schlagen könne, schrieb er: „Dies liegt gegenwärtig indessen noch nicht in unseren Kräften." Gleichzeitig drückte er aber die Überzeugung aus, daß der Einsatz von „Benzintraktoren nach dem Raupenkettenprinzip ... mit einer Panzerung gegen deutsche Hartkern- und panzerbrechende Geschosse und einer Bewaffnung von z. B. zwei Maxim-Maschinengewehren und einer 2-cm-Maxim-Kanone günstigere Voraussetzungen für den Maschinengewehreinsatz schaffen könnte".

Swinton verfolgte damit einen von ihm bereits 1914 unterbreiteten Vorschlag, der nun durch viele verschlungene Kanäle des Oberkommandos der Streitkräfte, des Kriegsministeriums, der Admiralität und der Industrie als Konzept für einen neuen Kampffahrzeugtyp Gestalt annahm. Nicht die Kampffahrzeuge an sich waren eine Neuerung. Schon im 3. Jahrtausend vor Christus gab es Streitwagen und eine Reihe von Fahrzeugen mit Panzerungen aus Häuten, Holz oder Metall. Seit mindestens 20 Jahren aber existierten nun auch die meisten Komponenten, aus denen ein schweres, motorisiertes Kampffahrzeug gebaut werden konnte, auf den Reißbrettern oder sie befanden sich bereits im Einsatz. Der von Gottlieb Daimler 1885 entwickelte schnellaufende Verbrennungsmotor war so weit fortentwickelt, daß über 100 PS von einem relativ kompakten Antriebsaggregat erbracht wurden. Verschiedene Raupentypen wurden bereits im zivilen Bereich verwendet – besonders in den USA, wo mit Raupenfahrzeugen der Firma Holt unterentwickelte Gebiete erschlossen wurden. Die britische Firma Ruston-Hornsby trug wesentlich zu diesen Entwicklungen bei, verkaufte aber 1912 alle ihre Patente an Holt. Die von Österreich, Deutschland, Frankreich, Italien und Rußland gebauten Panzerwagen wurden an allen Fronten eingesetzt, wo das Gelände offen war, nicht aber dort, wo Grabensysteme die Bewegung von Radfahrzeugen fast unmöglich machten. Holt-Traktoren wurden auf englischer Seite in Frankreich als schwere Artillerieschlepper verwendet.

Einer der ersten Tanks im Einsatz: Nahe dem Wald von Bouleaux liegengebliebener englischer Mark-I-Tank der C-Kompanie. Deutlich erkennbar sind das Einschlagloch in der Seitenwand und die beiden Räder am Heck, die als Lenkhilfe dienten.

Sollten gepanzerte Kampffahrzeuge im Grabenkrieg eine Rolle spielen, so mußten sie zunächst dafür entwickelt und gebaut werden. Dann mußten derartige Fahrzeuge in die Hand von Männern gegeben werden, die mit ihnen umzugehen verstanden und in der Lage waren, ihre Erfahrungen weiterzugeben, und dabei weniger Aufgeschlossene von der neuen Waffe und ihren Einsatzmöglichkeiten zu überzeugen vermochten. Für Ingenieure gab es nie einen Zweifel an der Möglichkeit, Kampffahrzeuge auf Ketten zu bauen. Bei den konservativen Generalstäblern aber, die sich mit jedem nur geeigneten Mittel gegen den festgefahrenen Grabenkrieg zu befassen hatten, gab es indessen viele Mißverständnisse. Das war nicht verwunderlich! In ihrem Unverständnis für technische Vorgänge betrachteten die Generalstäbler der meisten Armeen die Technologen mit unverhohlener Skepsis. Selbst bis zur Einführung der modernen Artillerie und der Maschinengewehre vergingen mehrere Jahrzehnte, weil man sich gegenüber jenen Militärs durchsetzen mußte, die noch immer nur an den Nahkampf glaubten. Es war nicht zu erwarten, daß altgediente Generalstäbler über Nacht ihre Meinungsverschiedenheiten mit den Technologen begraben würden, um den Bau eines noch völlig unerprobten Waffensystems zu fördern. Ein Waffensystem, für dessen Brauchbarkeit es einstweilen keine andere Garantie gab als nur die Begeisterung seiner Initiatoren. Ein überzeugendes Versuchsmodell mußte geschaffen werden. Doch zuvor war es notwendig, die Forderungen aufzustellen, die ein solcher Entwurf erfüllen mußte.

In England ging das von Winston Churchill unter der Leitung des Direktors für Marinebauwesen, Eustace Tennyson d'Eyncourt, im Februar 1915 berufene „Landship Committee" im Juni des gleichen Jahres bereits über das ursprüngliche Konzept einer Art „Trojanischen Pferdes" hinaus. Mit seiner Hilfe sollte eine aus 50 Mann bestehende Grabensturmgruppe hinter die deutsche Linie gebracht werden. Nachdem das Komitee einen besseren Einblick in die Verhältnisse an der Front gewonnen hatte, war ihm klargeworden, daß ein für diesen Zweck geeignetes Fahrzeug aufgrund seiner Größe Artilleriefeuer gegenüber zu stark verwundbar und ungeeignet wäre, durch enge Dorfstraßen und über leichte Brücken zu fahren. Gerade zu diesem Zeitpunkt fiel der Dialog zwischen Swinton und dem Oberkommando der Streitkräfte auf fruchtbaren Boden.

Obwohl seine Ideen bis dahin von Feldmarschall Sir John Frenchs Chefberater für das militärische Ingenieurwesen mit ein paar sarkastischen Bemerkungen abgetan worden waren, die die Entwicklung einer jeden Erfindung verhindert hätten, fand er nun Gehör beim neu gegründeten „Komitee für Erfindungen", dessen Vorsitzender und mehrere Mitarbeiter seine Freunde waren. Es wurde eine Reihe von Vorlagen erarbeitet, von denen jede neue Forderungen zu erfüllen hatte, nachdem Swintons Gedanken in Diskussionen mit erfahrenen Frontoffizieren angeregt worden waren. Bis zum 9. Juni 1915 wurde eine Spezifikation erstellt, die in großen Zügen mit den vom „Landship Committee" getrennt ausgearbeiteten Vorschlägen übereinstimmte. Sie forderte ein Fahrzeug mit einer Höchstgeschwindigkeit von 6,5 km/st in ebenem Gelände, das in voller Fahrt eine scharfe Wendung vornehmen konnte. Weitere Forderungen: Rückwärtsfahrfähigkeit, Kletterfähigkeit über einen 1,5 m hohen Erdwall mit Steilwand, die Fähigkeit, einen Graben von 2,4 m zu überwinden, eine Reichweite von 20 Meilen (rd. 32 km), eine Besatzung von 10 Mann, 2 MG und eine leichte Kanone. Zwischenzeitlich wurde in England das „Landship Committee" zwischen der Admiralität und dem Kriegsministerium hin- und hergezogen. Während sich die Admiralität mehr und mehr aus den früher von Churchill gegebenen Zusagen löste und das Kriegsministerium immer größeres Interesse zeigte, wurde der Rüstungsminister Lloyd George im Hinblick auf notwendige industrielle Vorkehrungen eingeschaltet. Zum weiteren Spielball der Ministerien wurde die RNAS Armoured Car Division, die Pionierarbeit auf dem Gebiet der mechanisierten Kriegsführung in Flandern und an anderen Plätzen geleistet hatte und ihre Daseinsberechtigung durch die Befürwortung der sogenannten „Landships" durch Churchill gefährdet sah. Die Männer der 20. Staffel dieses ersten Erprobungsteams sollten schon bald zum Heer versetzt werden. Swintons Vorschläge, unterstützt vom Oberkommando in Frankreich, gaben den technischen Enthusiasten in England echten Antrieb. Jeden Augenblick mußten sie mit Befehlen zur Einstellung aller Arbeiten rechnen. Ende Juni war das „Landship Committee" zu einer gemeinsamen Einrichtung aller Streitkräfte geworden und stand unter der Leitung des Direktors für Befestigungen im Kriegsministerium. Churchill, der zu dieser Zeit aufgrund des Dardanellen-Fiaskos unter starkem politischem Druck stand, war aber in kritischen Momenten bereit, seine Unterstützung zu geben.

Imperial War Museum

Der Holt-Raupenschlepper, der Oberst Ernest Swinton die Idee zur Schaffung des Tanks vermittelte. Es handelte sich um eine amerikanische Entwicklung, die Swinton in Frankreich sah, als sie gleich nach Kriegsausbruch von der Royal Artillery als Zugmittel für schwere Geschütze eingesetzt wurde

Auf jeden Fall wurden jetzt auch die unteren Ebenen aktiv - vor allem der Sekretär des „Landship Committee", Leutnant Albert Stern, im Zivilberuf Bankfachmann, der seine Kriegserfahrungen bei den RNAS-Panzerwagen gesammelt hatte. Mit seiner starken Persönlichkeit, seinem Vermögen, den Papierkrieg auszuschalten, und dem notwendigen technischen Verständnis war Stern der richtige Vermittler, um die Verbote der Politiker und Bürokraten zu umgehen und die Konstrukteure und Ingenieure zu schützen und anzufeuern, während sie diese neue Waffe schufen. Auch die Konstrukteure entwickelten eine bemerkenswerte Aktivität. Neben d'Eyncourt und den Männern seines Komitees war da Major Thomas Hetherington, ein ehemaliger Transportoffizier der Marinepanzerwagenabteilung. Er hatte außerdem die Marineversuchsabteilung, die in der Daily-Mail-Luftschiffhalle in Wormwood Scrubs untergebracht war, geleitet. Dann gab es William Tritton, geschäftsführender Direktor der Firma Foster, die an Haubitzentraktoren gearbeitet und sich im Juli 1915 um die Entwicklung eines Raupenfahrzeuges beworben hatte. Für die technische Entwicklung war Leutnant W. G. Wilson verantwortlich, ein Offizier, der sich in Zusammenarbeit mit Tritton als ein erstklassiger, schöpferischer Ingenieur erwies. Eine Unzahl bestechender Projekte und Vorschläge für Raupenfahrzeuge mußten neben Motoren und Waffen geprüft, verworfen oder für die weitere Auswertung angenommen werden. Diese mußten dann wiederum erprobt werden, bevor man sich auf einen endgültigen Entwurf einigen konnte, der alle Spezifikationen Swintons erfüllte, die jetzt die amtliche Forderung darstellten.

Ein vielfältig bewaffnetes Fahrzeug

Die besten Voraussetzungen für eine Weiterentwicklung schienen die Holt-Traktoren zu bieten. Eine Reihe von anderen Vorschlägen, die von großen Rädern über Pedrailraupen bis hin zum Killen-Strait-Traktor reichten, hatten sich als nicht durchführbar erwiesen. Die Abwandlungen des Holt-Traktors erwiesen sich indessen auch als nicht durchführbar, weil sie entweder zu schwach, unverhältnismäßig kompliziert oder bis zur Durchführung zu zeitraubend waren. Die ständigen Fehlschläge an der Westfront aber machten eine schnelle Entwicklung immer dringender. Als Swinton seine Spezifikation zu Papier brachte, kam die französische Offensive im Artois zum Stillstand, und die Russen wurden in Gorlice eingekesselt. Die Spezifikationen des Generalstabes machten aber Komplikationen unvermeidbar. Man hatte nicht nur das Konzept des „Trojanischen Pferdes" aufgegeben und statt dessen ein vielfältig bewaffnetes Fahrzeug als Kampfplattform, sondern gleichzeitig die Überwindung von Hindernissen in einem Umfange gefordert, die weit über die bei den Holt-Traktoren gegebenen Möglichkeiten hinausging. Diese waren in erster Linie dafür geschaffen, auf relativ ebenem Gelände zu arbeiten, mit Sicherheit jedoch nicht für den Einsatz in den Kraterlandschaften der Westfront.

Als am 24. Juli 1915 an Foster ein Entwicklungsauftrag vergeben wurde, stand ziemlich fest, welche Bauteile für ein Serienfahrzeug zur Verfügung stehen würden. Es waren ein 105-PS-Daimler-Motor, dessen Leistung unzureichend war, der aber bereits in Serienproduktion stand, und ausreichend Panzerplatten und Maschinengewehre. Die zur Verfügung stehenden MG-Typen waren auch nicht gerade die geeignetsten. Swintons Vorstellung, eine 2-cm-Kanone zu verwenden, wurde fallengelassen, weil keine zur Verfügung stand. Glücklicherweise bot die Marine aber in ausreichendem Umfang 57-mm-Kanonen und Muniton an. Fehlende Glieder waren die Raupenkette und das Federungssystem. Das Holt-Raupensystem war weder robust genug, noch hatte es genügend Bodenfreiheit, um den Spezifikationen zu genügen. Behauptungen, daß eine andere amerikanische Raupenkette vom Typ Bullock besser geeignet wäre, konnten nicht geprüft werden, bevor ein Satz über den Atlantik gebracht worden war. In der Zwischenzeit steckten Tritton und Wilson ihre Köpfe zusammen und begannen nur drei Wochen nach Erhalt des Auftrages, am 11. August 1915, mit dem Bau eines Prototyps, der als „Tritton"-Panzer bekannt wurde. Nach vielen Ideen und Diskussionen kam es zu Änderungen und einer Reihe von Verbesserungen, die zum Bau einer „Metallkiste" auf Raupenketten mit der Bezeichnung „Little Willie" führten. „Little Willie" sollte einen Drehturm mit einer 2-cm-Kanone und ein niedrigeres Laufwerk mit Bullock-Raupe nach deren Eintreffen erhalten. Es war aber von Anfang an klar, daß dieses über 3 m hohe Fahrzeug kopflastig wäre, sehr wenig Bodenfreiheit besäße und kaum eine Chance hätte, einen 2,5 m breiten Graben zu überwinden. Als Versuchsfahrzeug würde es zweifellos großen Wert haben - als Kampffahrzeug aber ungeeignet sein. Wilson arbeitete bereits am Entwurf für ein vollkommen neues Fahrzeug. Dabei handelte es sich um ein Fahrzeug in Rhombenform mit einer voll um die Wanne laufenden Kette. Wegen der großen Höhe des Fahrzeuges mußte auf einen Drehturm verzichtet werden. Die Kanonen mußten in „Erkern" an der Wannenseite untergebracht werden. Im August erhielt es den neuen Namen „Big Willie".

Im Juli kam Swinton nach London zurück. Er wurde hier zum Sekretär des Dardanellen-Komitees des englischen Kabinetts. Nach den letzten Gefechten bei Suvla war das Ende des Dardanellen-Feldzuges abzusehen, nun wurden diejenigen Politiker und Militärs aktiv, die den Krieg im Westen gewinnen wollten. Damit aber gewannen auch die Kampffahrzeuge für den Grabenkrieg wieder an Bedeutung. Oberstleutnant Swinton befaßte sich mit der Weiterentwicklung des Kampfwagens in der gleichen Intensität, wie er sich seiner Aufgabe im Dardanellen-Komitee widmete. Geschickt verstand er es, die sich daraus ergebenden guten Beziehungen zu nutzen, um die Tank-Entwicklung zu fördern. Tatsächlich war er in dieses Amt geholt worden, um den Ablauf der Dinge zu beschleunigen. Gerade dieser Umstand war es jedoch, der die Mitglieder des „Landship Committee" in Angst und Schrecken versetzte, da sie befürchteten, daß er ihre Arbeit völlig in Frage stellen könnte. Dabei wußten sie nicht, daß die Grundforderungen, zu deren Verwirklichung sie beitragen sollten, ursprünglich von Swinton stammten. Glücklicherweise verliefen die ersten Besprechungen zwischen Swinton und d'Eyncourt und dann mit Stern und den anderen Team-Mitgliedern sehr freundschaftlich. Jeder schätzte die Fähigkeiten des anderen. Mit Swinton als verantwortlichem Koordinator und seiner Kenntnis der Vorgänge im Kriegsministerium wurde eine gefährliche Lücke für das Entwurfsteam geschlossen. Von jetzt an konnte Swinton Einfluß auf die Regierungsausschüsse nehmen, während d'Eyncourt und Stern sich um die Industrie und Wilson kümmerten.

Der große Tag war gekommen, als der „Tritton"-Tank sich anschickte, seine ersten Probefahrten zu unternehmen. Am 8. September 1915 bewegte er sich über das Fabrikgelände in Lincoln. Am 10. wurde er erneut gefahren, verlor dabei aber seine Bullock-Raupe. Am 19. gab es bei einer Probevorführung vor Swinton, dem „Landship Committee" und dem Leiter der Abteilungen für Neuerungen im Rüstungsministerium ein erneutes Versagen der Raupe. Bei den Zuschauern handelte es sich indessen um vernünftige Praktiker, die verstanden, daß eine derartige neue Entwicklung nicht auf Anhieb perfekt funktionieren konnte. Die anschließende Besichtigung der Holzattrappe von Wilsons „Big Willie" gab allen die Hoffnung auf bessere Ergebnisse in der Zukunft.

Die Geburt des Tanks

Bisher hatten die Versuche das bestätigt, was alle vermuteten: Das schwächste Glied war die Raupenkette. Genialität, Begeisterung und Elan waren aber bei Tritton und Wilson so groß, daß sie sogar dieses Problem in drei Tagen durch den Bau und die zufriedenstellende Erprobung einer völlig neuen Leichtgewichtsraupe aus Stahlplatten lösten. Sie war im wahrsten Sinne des Wortes das fehlende Glied gewesen, und Stern beschrieb diesen Vorgang als „die Geburt des Tanks".

Jetzt mußte alles auf den Bau eines brauchbaren Kampffahrzeugs konzentriert werden. Die Wahl fiel auf „Big Willie". Am 29. September 1915 fand in London eine Konferenz mit Vertretern des Oberkommandos statt, bei der man folgende Forderungen festlegte: 10 mm Frontpanzerung; 8 mm Seitenpanzerung; eine Besatzung von acht Mann (allein vier Mann waren mit dem Lenken und Schalten beschäftigt); Geschwindigkeit: 6,5 km/st; Annahme des Angebotes der Admiralität für die 57-mm-Kanone. Am gleichen Tage gab Stern Tritton die Anweisung, um den Bau des „Big Willie" beschleunigt voranzutreiben. Einige der Konferenzteilnehmer vom Oberkommando dürften über diesen Ausgang froh gewesen sein, da sich bei all ihren Offensiven, die ihren Höhepunkt bei Loos fanden, gezeigt hatte, daß die Artillerie das Problem des festgefahrenen Grabenkrieges nicht lösen konnte.

„Little Willie" wurde weiter als Erprobungsfahrzeug verwendet. Die Hoffnung, ihn als Kampffahrzeug zu entwickeln, gab man auf. Am 3. Dezember wurde aber mit ihm bei einem Fahrversuch bewiesen, wieviel zuverlässiger die neue Raupenkette war. Grund zum Feiern bestand aber erst am 16. Januar 1916, nachdem „Big Willie" erstmals auf der neuen Raupenkette gefahren war.

Bis dahin hatten nur die unmittelbar Beteiligten die neuen Fahrzeuge gesehen. Alle Vorhaben wurden unter größter Geheimhaltung durchgeführt. Diese verbot es sogar, Fosters Arbeiter mit Orden auszuzeichnen und sie dadurch als Mitarbeiter an einem Projekt von nationaler Wichtigkeit auszuweisen. Obwohl einige Männer aus diesem Grunde ihre Arbeitsstätten verließen, durfte Foster zunächst keinerlei Hinweise auf die Art der Arbeiten geben, indem er die begehrten Auszeichnungen beantragte. Die Geheimhaltung, die erforderlich war, um das Projekt nicht bei den Deutschen bekanntwerden zu lassen, bedeutete gleichzeitig eine Gefahr für die Entwicklung und Einführung dieser Waffe beim englischen Heer. Solange die politisch und militärisch Verantwortlichen und diejenigen, die damit umgehen sollten, diese Waffe noch nicht zu Gesicht bekommen hatten und ihren Wert zu schätzen wußten, war kaum zu erwarten, daß sie sich für deren vorrangige Finanzierung, Herstellung und Verwendung einsetzen würden.

Die Zeit für eine Vorführung vor Vertretern der Regierung und der Streit-

Oben: Der Daimler-Foster-Artillerieschlepper. Er war der Ausgangspunkt für Gedanken an ein Panzerfahrzeug mit großen Laufrädern. *Rechts:* Der gepanzerte Schlepper vom Typ Killen-Strait, der sich nicht durchsetzte, weil er nur schwache Bewaffnung mitführen konnte und nicht in der Lage war, Gräben zu überwinden. *Unten links u. rechts:* Seiner Zeit voraus – das „Landschiff de Mole" des Jahres 1912.

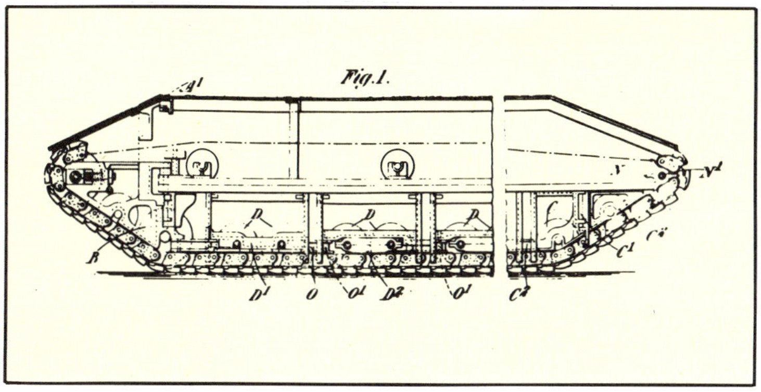

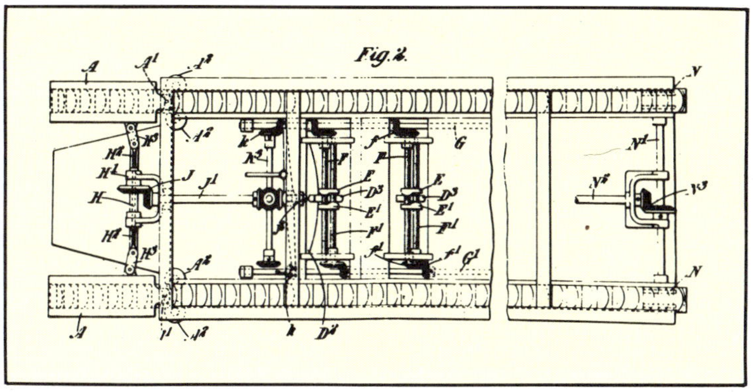

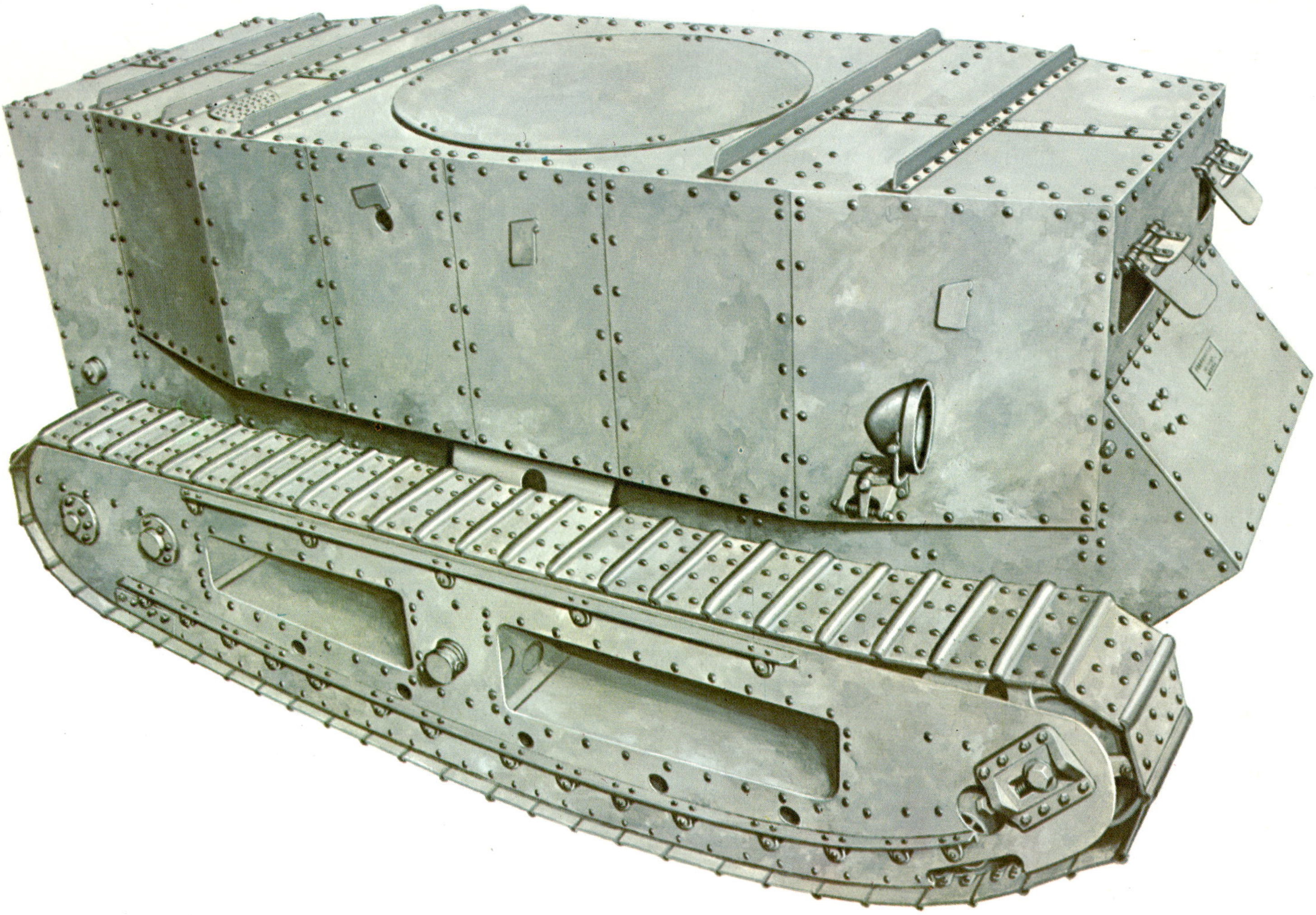

Die Hoffnung der Zukunft:
Gepanzerte mechanische Ungeheuer
zur Überwindung von Schützengräben

Imperial War Museum

kräfte war also gekommen. Das Oberkommando war dennoch über die Möglichkeiten des Einsatzes von Kampfwagen schon recht gut unterrichtet. Churchill hatte nach Ablehnung seiner Berufung zum Ersten Lord der Admiralität als gewöhnlicher Offizier bei einem Regiment in Frankreich Dienst getan, und er hatte eine lange Studie für den Oberkommandierenden mit dem Titel „Varianten der Offensive“ verfaßt, die unter anderem auch ein, allerdings recht ungenaues, Bild über den Stand der Tankentwicklung gab. Feldmarschall Haig, der diese Studie am Weihnachtstag gelesen hatte, schickte Major Hugh Elles nach England, um mehr über die Tanks zu erfahren. Elles' Bericht war auf Grund seiner Eindrücke günstig, und das Oberkommando dachte zunächst an einen Auftrag in der Größenordnung von 40 Tanks.

Bei den unter großer Geheimhaltung durchgeführten Hauptvorführungen am 29. Januar und 2. Februar 1916 in Hatfield Park war das Oberkommando aber nicht vertreten. Bei der ersten Vorführung, die eine Probe für die zweite sein sollte, waren nur die an den ersten Versuchen Beteiligten anwesend. Für sie war dies sozusagen die Bestätigung ihrer bisherigen Bemühungen. Zur zweiten Vorführung kam dann die Prominenz – Kitchener, der Kriegsminister, Lloyd George, der Rüstungsminister, McKenna, der Schatzminister, und viele andere Persönlichkeiten, die durchaus dazu beitragen konnten, die Entscheidung der Serienherstellung und Einführung voranzutreiben oder zu behindern.

„Schöne mechanische Spielzeuge“

Bei der Vorführung wurden beide Fahrzeuge, „Little Willie“ und „Big Willie“, über einen schwierigen Hinderniskurs gejagt, der abgesehen vom deutschen Feuer und dem grundlosen Schlamm alles enthielt, was das schlimmste Gelände an der Westfront zu bieten hatte. Schon bei dieser Vorführung nannte man die Fahrzeuge „Tanks“ – der von Swinton aus Gründen der Geheimhaltung gewählte Name, unter dem sie für immer bekannt bleiben sollten. Von Anfang an hinterließen die Fahrzeuge einen tiefen Eindruck, obwohl viel über Kitcheners Bemerkungen zu den Konstrukteuren, daß die Tanks „schöne mechanische Spielzeuge“ seien und „der Krieg mit solchen Fahrzeugen niemals gewonnen werden könne“, geredet wurde. Die engsten Mitarbeiter Kitcheners sagten, er habe dies aus Sicherheitsgründen getan, damit nicht über die weitere Erprobung geredet würde. Es ist aber auch möglich, daß er durch diese provokatorischen Bemerkungen die Männer aus ihrer Reserve locken wollte, um mehr über ihre Gedanken zu erfahren, die ja „harte Verkäufer“ ihrer Sache sein mußten. Festzuhalten bleibt, daß Kitchener unmittelbar danach Stern aufforderte, den Posten des Leiters derjenigen Abteilung im Kriegsministerium zu übernehmen, die die Produktion der Tanks durchzuführen hatte (eine logische Maßnahme, da das Rüstungsministerium im Dezember 1915 ihre Herstellung abgelehnt hatte). Erst später übernahm Lloyd George Stern das Rüstungsministerium, in dessen Verantwortungsbereich der Bau von Waffen lag. Was immer auch geschehen war, am 12. Februar 1916 unterzeichnete Lloyd George eine Weisung, die die Handschrift Sterns trug und derzufolge ein erster Auftrag zum Bau von 100 „Big Willies“ vergeben werden sollte.

Manchmal ist der Eindruck erweckt worden, als seien die Verantwortlichen wie Kitchener, Haig und andere gegen die Einführung von Tanks gewesen. Wenn das zeitweise der Fall war, dann kaum ohne Grund – entweder hatten die Tank-Enthusiasten versäumt, wichtige Gesichtspunkte richtig darzustellen, oder sie erwarteten Wunder von diesen völlig unerprobten Geräten. Wenn man in das Unbekannte vorstößt, ist immer eine bestimmte Vorsicht gerechtfertigt und angebracht. Im Vergleich zum Fortschritt mancher anderen technischen Neuerung dieser Zeit aber machte der Tank eine geradezu stürmische Entwicklung durch. Swinton verfaßte im Februar 1916 die Grundzüge einer taktischen Doktrin: Der einfachste und sicherste Weg, Maschinengewehrstellungen zu zerstören, ist es, „über die Stellung hinwegzurollen und sie zu zermalmen“. Wenn dies nicht gelang, konnte man sie vernichten, indem man nahe an sie heranfuhr und „mit Geschossen auf nächste Entfernung überschüttete“. Zur Verständigung nach hinten sollte jeder zehnte Tank mit kleinen drahtlosen Telegraphiegeräten ausgestattet sein. Andere sollten beim Vorfahren Telefonkabel auslegen und wieder andere sich mit Lichtsignalen verständigen. Die Tanks waren durch Artilleriefeuer leicht verwundbar und mußten deshalb durch Feuer von eigenen Batterien unterstützt werden.

Danach beschrieb Swinton genau, wie die Tanks zum Einsatz vorbereitet, zur Front transportiert und zusammen mit der Infanterie eingesetzt werden sollten, um ihre speziellen Eigenschaften optimal wirksam werden zu lassen. Zu diesem Zeitpunkt sah Swinton die Aufgabe des Tanks noch ausschließlich in der ursprünglichen Konzeption, der Infanterie beim Aufbrechen der deutschen Linien zu helfen. „Die Tanks sind als Unterstützungswaffe für die Infanterie anzusehen, sie müssen zur Infanterie gerechnet werden und im Einsatz dem gleichen Kommando unterstehen.“ Swinton schwebte zwar ein täglicher Durchbruch durch die deutschen Linien in der Tiefe der Artilleriereichweite vor, eine weitere Ausnutzung eines solchen Durchbruches entzog sich aber noch seinen Vorstellungen, da die meisten Soldaten diese Aufgabe als Vorrecht der Kavallerie ansahen.

Zu diesem Zeitpunkt, als die Briten gerade die Trennungslinie zwischen Traum und Wirklichkeit überschritten, gaben die Franzosen 400 „Chars d'assaut“ in Auftrag, ohne daß die Briten davon wußten. Aber auch den Franzosen waren die Anstrengungen der Engländer auf diesem Gebiet verborgen geblieben. Die Arbeiten ihres „Swinton“, des Artillerieobersten Jean Estienne, und seine Experimente mit einem gepanzerten Kampffahrzeug wurden 1915 zweimal abgelehnt. Erst nach dem totalen Fehlschlag der französischen Offensive erhielt er im Dezember 1915 die Genehmigung, in Zusammenarbeit mit dem Schneider-Creusot-Werk eine Lösung zu suchen. Die

Oben links: Fast, aber noch nicht ganz der richtige „Tank“: der von dem Fosterwerk gebaute „Little Willie“. Er war nicht bewaffnet, hatte aber bereits alle grundlegenden Konstruktionsmerkmale der späteren Panzer wie z. B. Kettenfahrwerk über die ganze Länge des vollgepanzerten Fahrzeuges. Der Typ sollte ursprünglich mit einem aufgesetzten Drehturm ausgestattet werden. Wegen der damit verbundenen Höhe der Silhouette wurde aber darauf verzichtet. Der Typ „Little Willie“ hatte 3 m lange Kettenrahmen, ein Gesamtgewicht von 14 t, eine Besatzung von 5 Mann und eine Höchstgeschwindigkeit von 5,5 km/st (2 km/st im Gelände).

Links: Gegenwart und Zukunft: Kavallerie und das Fahrzeug, das dazu bestimmt ist, sie abzulösen. Hier ein C-19 der schweren Abteilung des Maschinengewehrkorps, aufgenommen am 15. September 1916. *Unten:* Der erste echte Tank. Versuche hatten ergeben, daß frühere Tankentwürfe einen zu hoch gelegenen Schwerpunkt und zu kurze Kettenlaufwerke hatten, um breite Gräben überwinden zu können. Tritton und sein Mitarbeiter Wilson wandten sich deshalb der Idee der „großen Räder“ zu, verwendeten dabei aber eine verlängerte Rhombenform, um den Schwerpunkt möglichst niedrig und die Auflagefläche der Raupen möglichst lang zu halten, um Bodengriffigkeit zu erreichen. Nach der Abkehr vom Drehturm wurden Erker angebaut, um die beiden 5,7-cm-Marinekanonen als Hauptbewaffnung unterzubringen. Die Lenkung erfolgte über eine Differentialbremsung der Raupen. Dieses Fahrzeug konnte nun einen 3 m breiten Graben mit 1,5 m hohem Schutzwall überwinden.

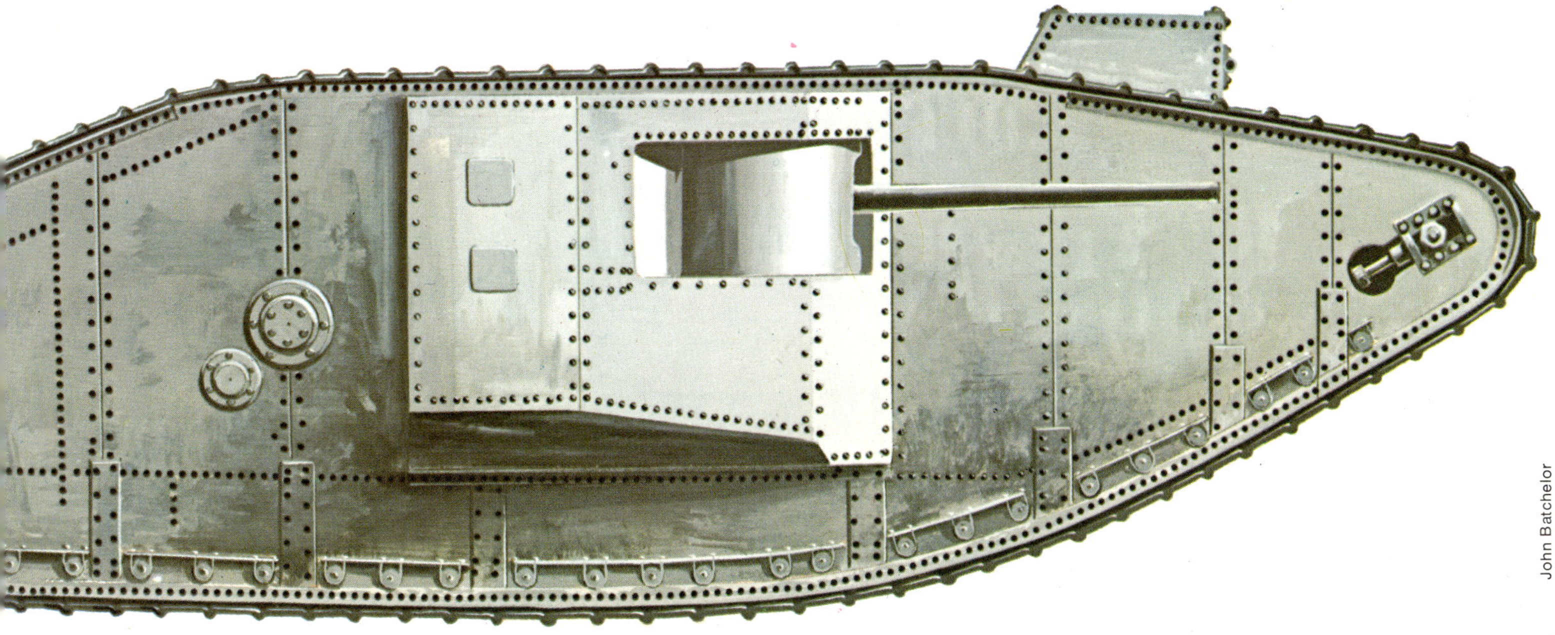

John Batchelor

Franzosen gingen indessen nicht so sorgfältig vor wie ihre Alliierten. Sie wählten das Holt-Traktor-Fahrwerk als das beste verfügbare Laufwerk und gaben sofort einen bewaffneten und gepanzerten Kastenaufbau in Auftrag, ohne vorher Versuche durchzuführen, um die Einsatzfähigkeit zu erproben. So entwickelten sie ein Fahrzeug, das kaum besser war als der ursprüngliche „Tritton" und zufälligerweise diesem in vielem ähnlich sah. Trotz dieser gefährlichen Abkürzung der Entwicklung lagen die Franzosen mit ihr mindestens 6 Monate hinter der englischen. Es bestand kaum Hoffnung, die Fahrzeuge vor 1917 zum Einsatz zu bringen. Auf der englischen Seite befaßte man sich zu dieser Zeit mit den taktischen Lehrsätzen Swintons und dachte an den Einsatz der Tanks im Sommer 1916.

Bei einem Gespräch mit Swinton am 14. April 1916 erklärte sich Feldmarschall Haig mit der vorgeschlagenen taktischen Doktrin ganz allgemein einverstanden. Gleichzeitig forderte er die Bereitstellung einer möglichst großen Zahl von Tanks zum 1. Juni, also rechtzeitig zum Beginn der Offensive an der Somme. Damit verlangte er etwas Unmögliches. Die Produktion war gerade erst angelaufen, und die Ausbildung der Besatzungen mußte erst beginnen. Diese Ausbildung konnte aber erst nach den für Juni vorgesehenen ersten Auslieferungen der Fahrzeuge unter echten Bedingungen durchgeführt werden. Die erste Lieferung nach Frankreich war, wenn man die Dinge sehr optimistisch betrachtete, frühestens zum 1. August 1916 möglich.

In der Zwischenzeit wurden die Besatzungen aufgestellt. Das erwies sich als ein großes Problem, denn wie in anderen Ländern, so besaßen auch in England nur Wohlhabendere und Sportsleute Motorfahrzeuge und damit das notwendige technische Verständnis für sie. Da die neue Truppe ihren Standort im Depot der motorisierten Maschinengewehrtruppe haben sollte, die langsam abgebaut wurde, war es unvermeidlich, daß sie anstatt der ursprünglich vorgesehenen Bezeichnung „Tank-Abteilung" aus Geheimhaltungsgründen die Bezeichnung „Panzerwagenabteilung der motorisierten Maschinengewehrtruppe" erhielt. Außerdem hoffte man, daß sich viele der an den ursprünglichen Versuchen beteiligten Angehörigen der RNAS (im Verband der Marine) zum Heer versetzen lassen würden. Der drohende Verlust des Ranges, die damit verbundene Einbuße an Sold und eine ungenaue Beschreibung der zukünftigen Aufgaben ließ diese Männer jedoch davor zurückschrecken. Aus dem Kraftfahrzeug- und Motorengewerbe konnten jedoch – nicht zuletzt mit Hilfe des Herausgebers der Zeitschrift „The Motorcycle", Mr. G. Smith, – viele fähige Händler und Handwerker rekrutiert werden. Allerdings hatten sie keinerlei Ahnung von militärischen Dingen.

Fahrausbildung (zuerst mit „Little Willie"), Schießausbildung und Vermittlung der Grundsätze der Taktik wurden den ganzen Sommer über durchgeführt, während vor Verdun, an der Somme und überall dort, wo Soldaten ihre Köpfe über Grabenränder streckten, die geringe Wirksamkeit der Artillerie täglich demonstriert wurde. Das Oberkommando forderte immer stärker den baldigen Einsatz der Tanks. Die Ausbildung wurde daraufhin verkürzt, um den Einsatztermin 15. September 1916 einhalten zu können.

Die ersten 50 Fahrzeuge befanden sich am 30. August in Frankreich. Ihre Besatzungen standen einem Kampfgeschehen gegenüber, das sie überwältigte. So begeistert sie auch sein mochten, nur wenige hatten Einsatzerfahrung oder waren ausgebildete Soldaten. Ein Tank-Kommandant schrieb: „Ich und meine Besatzung hatten die ganze Zeit über in England keinen eigenen Tank. Er war am Tag seiner Auslieferung defekt geworden. Wir wurden nicht im Aufklären oder Kartenlesen ausgebildet... keine Übungen oder Einweisungen am Kompaß... wir hatten keine Signal-Übungen und keine Erfahrungen in Hinblick auf die Befehlsübermittlung. Wir hatten keinerlei Kenntnis, wo wir die Informationen herbekommen sollten, die für uns als Tank-Kommandanten wichtig waren."

Man muß sich die Schwierigkeiten vorstellen, die diese Männer hatten. In dunklen Stahlkisten, angefüllt mit Rauch und hervorstehenden Bedienungshebeln, wurden sie bei der ungefederten Fahrt im Gelände hin und her geworfen. Von dem Krach der Motoren und Waffen halb taub, waren sie kaum in der Lage, untereinander oder mit der Infanterie draußen Kontakt zu halten. Der Kommandant konnte den Schützen kaum helfen, ihre Ziele zu finden und sie zu bekämpfen. Er mußte sich darauf konzentrieren, den Tank durch Handsignale zu steuern, die er dem Mann an der Getriebeschaltung und den beiden Männern im hinteren Teil des Fahrzeuges gab. Sie bedienten die Hebel zur Abbremsung der Raupenketten, durch die die Fahrtrichtung geändert wurde. Es ist erstaunlich, daß sie überhaupt fuhren und obendrein auch noch kämpften; denn man darf nicht vergessen, daß laufend Instandhaltungs- und Justierarbeiten notwendig waren.

Nachdem die Tanks sich in Frankreich auf dem langsamen Marsch zur Front befanden, wurden die Besatzungen mal zu Opfern ausländischer Sicherheitsbestimmungen, mal zum Objekt eines großen Interesses von Soldaten und Zivilisten. Ständig wurden sie aufgefordert, das Können der Tanks zu zeigen. Dabei gab es immer Abnutzungs- und Verschleißerscheinungen an den Fahrzeugen. Die Schwierigkeiten, die gesteckten Tagesziele von wenigen Kilometern zu erreichen, waren ohnehin schon groß genug. Die Besatzungen waren voll damit beansprucht, sich und ihre Fahrzeuge auf den Einsatz vorzubereiten. Viele waren schon erschöpft, bevor sie einen Schuß abgegeben hatten.

Trotz all dieser Schwierigkeiten krochen die einsatzfähigen Tanks in der Nacht zum 13. September 1916 – durch weiße Bänder geleitet – in ihre Bereitstellungen. Sie verbreiteten bei all jenigen, die sie in der Nacht kreischend fahren hörten, Erstaunen. In der folgenden Nacht fuhren sie wieder in ihre Angriffsstellungen und bewegten sich dabei erstmals auf einem echten Gefechtsfeld, wie es auf dem Übungsgelände in England nicht darzustellen war. Hier versagten viele der 30-t-Fahrzeuge mit ihren zu schwachen Motoren und ihrer primitiven Bauweise, weil ihre Fahrer in der Aufregung Fehler machten. Langsam schmolz die Streitmacht von 50 auf 36 Fahrzeuge zusammen. Im Morgengrauen des 15. September war diese kleine Streitmacht aber bereit, und in der Dämmerung dieses Tages begann eine neue Ära der Kriegführung.

Infanteristen mit ihrem neuen Helfer, dem Fahrzeug, das die bisher unüberwindbaren MG-Stellungen, Stacheldrahtverhaue und Schützengräben zermalmen kann. ▽

DIE FRANZÖSISCHE TANKWAFFE

Am ersten Tage der Nivelle-Offensive, dem 16. April 1917, setzten die Franzosen erstmals Tanks ein. Dies geschah sieben Monate nachdem die Engländer sie an der Somme in den Kampf geworfen hatten. Richard M. Ogorkiewicz beschreibt hier die Entstehung und die ersten Entwicklungen der französischen Panzertruppe.

Der Aufbau einer Panzerwaffe wurde in Frankreich kurze Zeit später als in England begonnen. Sie entwickelte sich unabhängig von den in England gemachten technologischen Fortschritten, weniger dramatisch, dafür aber konzentrierter.

Genau wie in England entstand der Gedanke in Frankreich auch nicht nur bei einem Mann, sondern aufgrund der bestehenden militärischen Situation und der gegebenen technischen Möglichkeiten weit verstreut. Es gab drei verschiedene Grundideen, die zur Entwicklung des ersten französischen Kampfpanzers und damit zur Entstehung der ersten französischen Panzereinheiten beitrugen.

Der erste ursprüngliche Gedanke entstand aus der Entwicklung des gepanzerten Wagens, der auf dem Salon de l'Automobile 1902 in Paris ausgestellt wurde. Die Weiterentwicklung verlief bis 1914 sehr langsam. Nach Kriegsausbruch aber wurden immer mehr gepanzerte Wagen gebaut. Bis Ende August 1914 hatte das französische Kriegsministerium schon die ersten 136 gepanzerten Wagen bestellt, und nach Ablauf eines Monats wurden sie bereits den französischen Kavallerieeinheiten zugeteilt. Diese ersten behelfsmäßig gepanzerten Wagen konnten allerdings nur auf Straßen eingesetzt werden. Ihr Nutzen schwand schnell dahin, nachdem sich der Bewegungskrieg in den Stellungskrieg wandelte und die Straßen abgeschnitten und blockiert wurden.

Diese kurze Einsatzdauer der ersten gepanzerten Wagen genügte aber, um ausreichendes Interesse für die Möglichkeiten ihrer weiteren Entwicklung zum Einsatz über die durch die

Unten: Schneider-Tanks auf dem Marsch zur Front.

Straßen bis dahin gezogenen Grenzen hinaus zu wecken. Der größte Schritt in dieser Richtung wurde von der französischen Waffenfirma Schneider unternommen. Sie erhielt im Januar 1915 ein Patent für einen verbesserten gepanzerten Wagen und stellte dann Überlegungen für die Entwicklung eines weiteren gepanzerten Fahrzeuges an, das statt auf Rädern auf Raupen laufen sollte.

Das Interesse der französischen Techniker an der Verwendung von Raupenketten für gepanzerte Fahrzeuge wurde im Januar 1915 geweckt, als Brillié und ein weiterer Ingenieur der Firma Schneider England besuchten, um den in Amerika gebauten „Holt-Traktor" auf seine Eignung als schweres Artilleriezugmittel zu prüfen. Als Ergebnis dieses Besuches kaufte die Firma Schneider zwei Traktoren in den Vereinigten Staaten und erprobte sie im Mai 1915 im Werk Creusot. Aus diesen Versuchen entstand die Idee, den leichteren der beiden Traktoren, den 45-PS-„Baby-Holt", als Grundlage für einen Panzerwagen auf Raupenketten zu verwenden, der auch abseits von Straßen im Gelände fahren und Hindernisse überwinden konnte. Im Juli begannen die Ingenieure bei Schneider mit der Entwicklung dieses Fahrzeuges und legten schon im August eine Chassiszeichnung vor, die einen verlängerten und verbreiterten „Baby-Holt" zeigte. Einen Monat später wurden die Konstruktionsarbeiten an diesem neuartigen Kampffahrzeug unterbrochen, weil inzwischen neue Ideen entwickelt worden waren.

Diese neuen Ideen wurden durch das dringende taktische Problem ausgelöst, den Stacheldraht zu durchschneiden, mit dem die gegnerischen Armeen ihre Gräben schützten. In jedem Falle mußten diese Drahtverhaue vor jedem Sturmangriff der Infanterie durchschnitten werden, wenn er erfolgreich sein sollte. Dieser Umstand hat zu vielen Gedanken über Drahtschneide- und Vernichtungsgeräte geführt. Der führende Vertreter dieser Denkrichtung war der Parlamentsabgeordnete Breton, der im November 1914 einen Vorschlag für einen mechanischen Drahtschneider auf einem Radtraktor, wie er in der Landwirtschaft verwendet wurde, vorlegte. Sein Entwurf wurde von der technischen Abteilung der Pioniertruppe positiv aufgenommen. Nach einigen Versuchen erteilte das Kriegsministerium im August 1915 einen Auftrag für 10 Breton-Drahtschneider zur weiteren Erprobung. Bald stellte sich aber heraus, daß die Leistung des mit Bajac-Rädern ausgestatteten Traktors, auf den das Schneidegerät montiert war, nicht ausreichte. Deshalb traf Breton mit Brillié zusammen, um die Möglichkeit zu prüfen, das Drahtschneidegerät auf dem "Baby-Holt" zu montieren, der gerade in Creusot erprobt wurde. Diese Möglichkeit schien gegeben, und das Kriegsministerium erteilte der Firma Schneider einen Auftrag zum Bau von 10 gepanzerten Raupenschleppern mit Drahtschneidern. Weitere von

Links: Seitenansicht eines Schneider-Panzers. Das Gestell am Bug des Fahrzeuges sollte den Stacheldraht zum Plattwalzen unter die Raupenkette drücken. *Unten:* Schneider-Tanks im Einsatz.

Dezember 1915 bis Februar 1916 durchgeführte Versuche mit dem „Baby-Holt“ zeigten jedoch, daß die Drahtschneider überflüssig waren, da der Traktor selbst durch die Stacheldrahtverhaue Gassen walzen konnte. Diese Feststellung fiel mit weiteren dringend notwendigen Gedanken zusammen, und da man erkannte, daß die Entwicklung des Traktor-Drahtschneiders sich in einer Sackgasse befand, wurde sie umgehend abgebrochen.

Joffre ist einverstanden

Der dritte Gedankengang zur Panzerentwicklung kam von dem Artillerieoffizier Oberst Estienne, der schon einen großen Beitrag zur technologischen Kriegführung geleistet hatte. Estiennes Idee eines gepanzerten Kampffahrzeuges auf Raupen nahm Ende 1915 Gestalt an. Am 1. Dezember 1915 bat er Marschall Joffre brieflich um eine Unterredung, in der er seine Gedanken über einen gepanzerten Kampfwagen zur Unterstützung von Infanterieangriffen erläutern könne. Zu dieser Zeit erhielt das Oberkommando täglich Vorschläge, wie ein entscheidender Sieg zu erzielen sei. Die meisten mußten indessen in den Papierkorb geworfen werden. Der Vorschlag mit der Unterschrift eines sehr angesehenen Offiziers aber verdiente besondere Beachtung und erhielt sie auch. Am 12. Dezember 1915 wurde Estienne zum Vortrag zu General Janin befohlen. Janin war in Joffres Hauptquartier der für die Ausrüstung verantwortliche General. Acht Tage später war er auf dem Wege nach Paris, um mit der stillschweigenden Zustimmung Joffres die Möglichkeiten für den Bau des vorgeschlagenen Fahrzeuges zu sondieren.

Die zustimmende Haltung Joffres und anderer französischer Generale sorgte dafür, daß die Ideen schnell in die Praxis umgesetzt werden konnten. So war es Estienne möglich, vier Wochen nachdem er seinen Brief geschrieben hatte, Kontakt zu Brillié aufzunehmen, den er umgehend für seine Ideen gewinnen konnte. Brillié seinerseits, der sich mit den früheren Plänen für gepanzerte Raupenfahrzeuge und dem Drahtschneidefahrzeug befaßt hatte, konnte sehr schnell den Plan eines Fahrzeuges konzipieren, das den Vorstellungen Estiennes entsprach. Folglich konnte Estienne bereits am 28. Dezember 1915 General Janin einen konkreteren Plan für den Bau von 300 bis 400 Fahrzeugen vorlegen. Joffre reagierte schnell und positiv. Er empfahl den zuständigen Regierungsstellen, die Erprobung ohne Verzögerung weiterzuführen. Am 18. Januar 1916 erhielt er Estiennes persönlichen Bericht, den er seinem Stab zuleitete, der ihn ebenfalls positiv aufnahm. Daraufhin schrieb Joffre am 31. Januar 1916 an den Staatssekretär des Kriegsministeriums und forderte den Bau von 400 Fahrzeugen entsprechend den Vorschlägen Estiennes.

Die Verantwortung für die Bereitstellung der Fahrzeuge lag bei den technischen Diensten der Armeen. Diese arbeiteten sehr langsam und standen einem Projekt, das nicht in ihrem Bereich entstanden war, nicht gerade wohlgesonnen gegenüber. Trotzdem gab das Kriegsministerium am 26. Februar 1916 den Schneiderwerken einen festen Auftrag über 400 Fahrzeuge. Interessanterweise wurde dieser Auftrag nur zwei Wochen später als der englische Auftrag für Tanks vergeben und lautete auf viermal soviel Fahrzeuge. Die Herstellung der französischen Panzer dauerte aber länger, und der erste wurde viel später fertiggestellt als der erste englische Tank.

Die Spezifikation für das Fahrzeug, das von dem Schneiderwerk gebaut wurde, unterschied sich nur wenig von der ursprünglich von Estienne aufgestellten. Aus Geheimhaltungsgründen wurde es zunächst als Artillerietraktor bezeichnet und „Tracteur Estienne“ genannt. Nachdem Estienne aber für die Fahrzeuge, die von den Engländern als Tanks bezeichnet wurden, den Gattungsnamen „Chars d'assaut“ eingeführt hatte, wurden sie allgemein als „Chars Schneider“ oder seltener auch „Chars CA“ bezeichnet. Der Hauptunterschied zwischen dem neuen Fahrzeug und der ursprünglichen Spezifikation bestand in einer kurzen 75-mm-Kanone anstelle der 37-mm-Kanone und einer Besatzungsstärke von 6 anstatt 4 Mann. Im Prinzip handelte es sich um einen gepanzerten Kastenaufbau auf einem abgeänderten „Baby-Holt“-Chassis. Der Aufbau bestand vorne und hinten aus 11,5 mm starken Panzerplatten. Später wurde vorne eine zusätzliche Platte angebracht,

Oben: Französischer Panzersoldat. Unter der Kampflederjacke die Dienstuniform mit Kragenspiegeln des 81. schweren Artillerieregiments.

Unten: Schneider-Panzer. Besatzung: 6 Mann; Bewaffnung: eine 75-mm-Kanone (90 Schuß), zwei Hotchkiss-MG (3840 Schuß); Panzerstärke: 11,5 mm (max.) später 17 mm; Geschwindigkeit: 6 km/st; Gewicht: 13,5 t; Motor: 70-PS-Schneider; Länge: 6 m; Breite: 2 m; Höhe: 2,38 m; Reichweite: 48 km.

die die Gesamtpanzerstärke auf 17 mm brachte und das Fahrzeug damit unverwundbar gegen alle Gewehrkaliber machte. In der vorderen rechten Ecke des Aufbaus befand sich die 75-mm-Kanone mit kurzem Rohr und einem Schwenkbereich von 20 Grad zur Längsachse des Fahrzeuges. Außerdem befand sich auf jeder Seite eine Kugelblende mit einem Hotchkiss-Maschinengewehr. In dem Fahrzeug war Platz für die Unterbringung von 90 Schuß 75-mm-Kanonenmunition und für 3840 Schuß für die Maschinengewehre.

Mit der gesamten Ausrüstung wog der Schneider-Tank 13,5 t. Er wurde von einem wassergekühlten Vierzylinder-Schneidermotor von 70 PS Leistung angetrieben, der ihm eine Höchstgeschwindigkeit von 6 km pro Stunde verlieh. In dieser Hinsicht war er mit den ursprünglichen britischen Tanks vergleichbar. In einem entscheidenden Punkt aber war der „Char Schneider" ihnen klar unterlegen; in der Fähigkeit, Gräben zu überwinden. Das lag daran, daß seine Raupen erheblich kürzer waren als die umlaufenden der rhombenförmigen britischen Tanks. Dieser Nachteil der „Schneider-Tanks" wurde nach dem ersten Auftreten der britischen Tanks am 15. September 1916 als besonders schwerwiegend angesehen. Nachdem die Deutschen das Vorhandensein der Tanks festgestellt hatten, verbreiterten sie ihre Gräben, um sie als Tanksperren wirken zu lassen. Daraufhin mußten die Franzosen ihre Einsatzmethodik für Tanks ändern.

Der ursprünglichen Vorstellung Estiennes zufolge sollten Panzer in überraschenden Massenangriffen gegen die gegnerischen Gräben eingesetzt werden. Die Panzer sollten nur die Infanterie angreifen, und nach der Überwindung der ersten Grabenlinie sollte eine Hälfte von ihnen den Gegner mit ihrem Feuer niederhalten, um der Infanterie Gelegenheit zu geben, durch die von den Panzern in den gegnerischen Verteidigungslinien geschaffenen Gassen vorzugehen und die Gräben zu besetzen. Die Möglichkeit, eine vollkommene Überraschung zu erzielen, wurde aber aufgrund des Einsatzes der Tanks durch die britische Armee zunichte gemacht. Dieser Einsatz wurde von den Franzosen verbittert als verfrüht angesehen. Zu-

Imperial War Museum

Oben: Motor eines St.-Chamond-Tanks. Durch die freiliegenden beweglichen Teile und die heißen Rohre wurde der Innenraum der ersten Panzer zu einem gefährlichen Aufenthaltsort.

Unten: St.-Chamond-Tank. Besatzung: 9 Mann; Bewaffnung: eine 75-mm-Kanone (106 Schuß), vier Hotchkiss-MG (7500 Schuß); Panzerung: max. 17 mm; Geschwindigkeit: 8,5 km/st; Gewicht: 23 t; Motor: 90-PS-Panhard; Länge: 7,9 m; Breite: 2,67 m; Höhe: 2,34 m; Reichweite: 59,5 km.

John Batchelor

sammen mit dem Unvermögen der französischen Panzer, breite Gräben zu überwinden, führte das dazu, daß man auf französischer Seite neue Taktiken für den Tankeinsatz entwickeln mußte.

Die Aufgabe wird verkleinert

Im Allgemeinen kann gesagt werden, daß vom Kampfpanzer bis zu seinem ersten Einsatz weniger erwartet wurde, als Estienne ursprünglich vorausgesehen hatte. Deshalb hatte man seine Rolle auf die Ergänzung der Artillerie eingeschränkt. Sie bestand darin, gegnerische Stellungen zu bekämpfen, die das Artilleriefeuer überdauert hatten und das Vorgehen der eigenen Infanterie verzögerten. Außerdem sollten die Panzer von Infanterie-Einheiten mit Spezialausbildung begleitet werden, die sie bei der Überwindung von Hindernissen unterstützen sollten. Die Panzer aber sollten dort, wo sie schneller allein vorgehen konnten, nicht durch das noch geringere Tempo der eigenen Infanterie behindert werden.

Bevor man die vorgeschlagenen Taktiken erproben konnte, mußten zunächst einmal Panzer in ausreichender Zahl gebaut werden. Das erwies sich aber schwieriger als erwartet. Der erste Schneider-Tank wurde am 8. September 1916 an die französische Armee ausgeliefert. Bis zum 25. November, dem Zeitpunkt, zu dem 400 Panzerkampfwagen ausgeliefert sein sollten, befanden sich nur 8 Stück in der Hand der Truppe. Diese konnten nur zur Ausbildung verwendet werden, da sie aus dünnen Blechen gebaut waren; denn die Herstellung der Stahlplatten hatte sich verzögert. Bis Mitte Januar 1917 gab es nicht mehr als 32 Ausbildungspanzer. Als dann die ersten Kampfpanzer im April 1917 zum Einsatz kamen, war die französische Armee

Oben: St.-Chamond-Panzer in einem französischen Wald. *Unten:* Von deutscher Artillerie abgeschossene Schneider-Panzer, die von den Franzosen ausgeschlachtet wurden, um Ersatzteile zu erhalten. Die beiden ersten französischen Panzertypen waren nur begrenzt geländegängig. Die Panzertypen Schneider und St. Chamond konnten nur 1,80 m bzw. 2,40 m breite Gräben überwinden.

jedoch in einer besseren Lage als die britische. Sie besaß nun bereits 200 Tanks des Typs „Schneider“.

Die Verzögerung bei den Zulieferungen der Panzerplatten und im gesamten Programm der Panzerherstellung hatte ihren Grund nicht nur in den bei einem neuen Produkt üblichen Schwierigkeiten. Sie waren auch in der Aufsplitterung der gegebenen Mittel in zwei Richtungen begründet. Der zweite Panzer-Typ entstand bei den technischen Diensten. Nachdem man dort die Vorstellungen kannte, war man davon überzeugt, ein besseres Entwicklungsergebnis als Estienne und Brillié erzielen zu können. Das hier entwickelte Fahrzeug wurde unter dem Namen der Entwicklungsfirma als „St.-Chamond-Panzer“ bekannt. Diese Firma erhielt im April 1916 einen Auftrag zum Bau von 400 Fahrzeugen, ohne daß Estienne etwas davon erfuhr.

Nur auf dem Papier überlegen

Auf dem Papier war der „St.-Chamond-Panzer“ dem Schneider-Tank überlegen. Er hatte anstatt der kurzrohrigen eine normale 75-mm-Kanone und zwei Maschinengewehre mehr. Außerdem besaß er ein längeres Laufwerk und anstelle eines mechanischen ein elektrisches Getriebe, durch das sich das Fahrzeug leichter fahren ließ. Mit 23 Tonnen war es aber wesentlich schwerer als der Schneider-Tank und zeigte deshalb auf weichem Boden schlechte Leistungen. Außerdem ragte der vordere Aufbau über das Laufwerk hinaus und schränkte damit die Fähigkeit, Gräben zu überwinden, erheblich ein. Obendrein war der Panzer störanfälliger als der Schneider-Tank und auch nicht schneller zu produzieren. Zugegebenermaßen wurde das erste Fahrzeug etwa zum gleichen Zeitpunkt wie der erste Schneider-Tank ausgeliefert. Aber am Vorabend des ersten französischen Panzereinsatzes im April 1917 waren nur 16 St.-Chamond-Panzer einsatzbereit. Keins dieser Fahrzeuge kam zum Kampfeinsatz. Die einzigen St.-Chamond-Tanks, die die Schneider-Panzer in ihr erstes Gefecht begleiteten, waren vier unbewaffnete, mit Nachschub beladene Fahrzeuge.

Parallel zur Panzerproduktion wurden die ersten Panzereinheiten aufgestellt. Das ursprüngliche Gliederungs-Schema ging auf Estienne zurück, der es Joffre im März 1916 unterbreitete. Es wurde angenommen. Aber erst nach der Ablösung Estiennes von seinem Artilleriekommando an der Verdunfront wurde er zu Joffres Hauptquartier kommandiert, um dort die Panzereinheiten, die „Artillerie d'assaut“, zu befehligen. Wie es Estienne ursprünglich geplant hatte, bestand die Grundeinheit, die „Groupe“, aus 16 Panzerwagen. Entsprechend den artilleristischen Vorstellungen war jede „Groupe“ in 4 Batterien gegliedert, die bei Bedarf unter einem Kommando zusammengefaßt werden konnten.

Die Aufstellung der Panzereinheiten begann im August 1916 in Marly bei Paris. Bald danach wurde ein zweites Ausbildungszentrum in Cercottes bei Orléans und ein Panzerlager nahe der Front in Champlieu eingerichtet. Champlieu war auch Estiennes Hauptquartier. Die erste „Groupe“ wurde im Oktober in Marly aufgestellt, und Ende März 1917 befanden sich in dem Lager bei Champlieu 13 „Groupes“ mit Schneider-Panzern und zwei mit St.-Chamond-Tanks.

Die Offiziere dieser Einheiten kamen von verschiedenen Waffengattungen des Heeres und einige sogar von der Marine. Die Mannschaften kamen zum größten Teil von den Kavallerieregimentern, deren Reserveschwadronen wegen mangelnder Einsatzmöglichkeiten aufgelöst wurden. Alle hatten die seinerzeit übliche militärische Ausbildung hinter sich gebracht, hatten aber keinerlei technisches Verständnis. Sie mußten deshalb von Grund auf für die Bedienung der Panzer ausgebildet werden. Dabei ist es typisch für das damals vorherrschende Bild von neuen technischen Entwicklungen, daß man meinte, diese Männer seien nach nur zwei- bis dreimonatiger Ausbildung in Champlieu voll einsatzfähig.

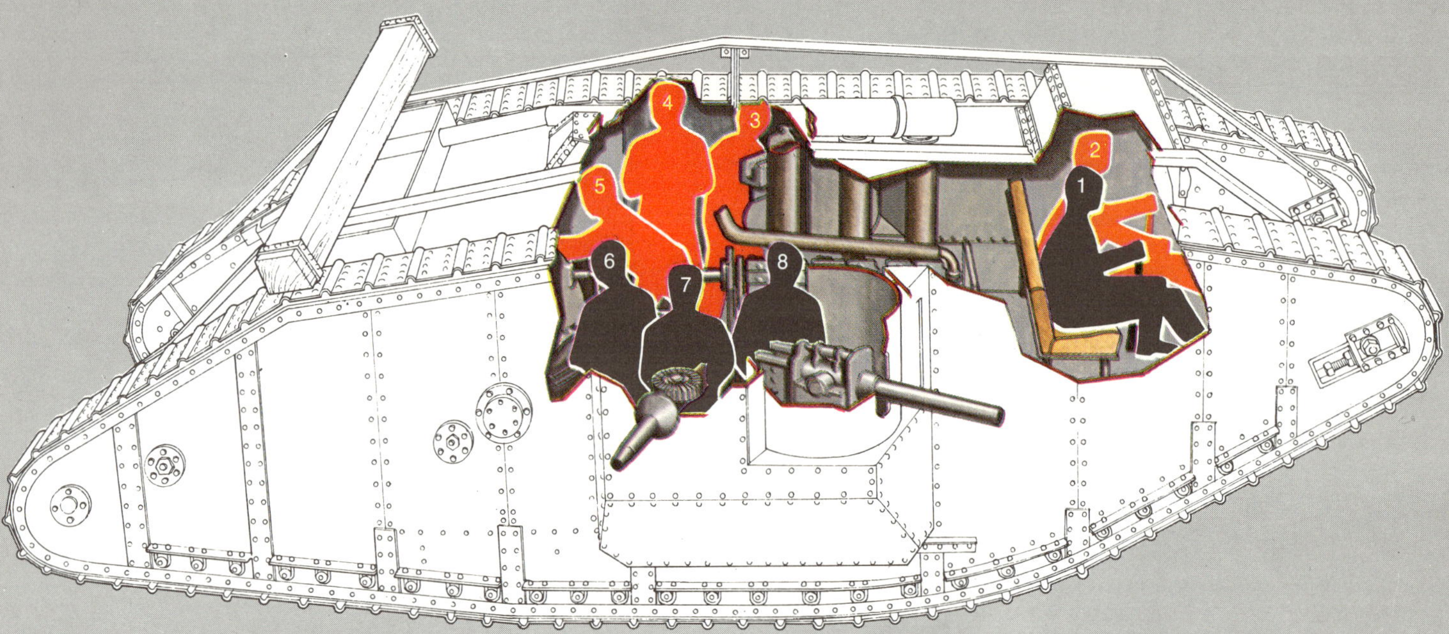

Oben: Besatzung des englischen Mark-IV-Tanks: **1** Kommandant. **2** Schalthebelbedienung. **3** Kanonier für 5,7-cm-Kanone. **4** MG-Schütze und Ladeschütze für Kanone. **5** und **6** Bremser. **7** MG-Schütze und Ladeschütze für Kanone. **8** Kanonier für 5,7-cm-Kanone. Bei der Fahrt über unebenes Gelände bei einer Höchstgeschwindigkeit von 5,5 km/h ohne jede Federung und Stoßdämpfung war die Besatzung starkem Geräusch, Vibrationen, Gerüchen und hohen Temperaturen (etwa 38° C) ausgesetzt. Dies und der enge Innenraum ergaben eine Kampfraumumgebung, die schnell zur Erschöpfung führte.
Unten links und rechts: Der enge Innenraum in einem Mark-V-Tank. Blick nach vorne entlang der rechten Seite und Blick hinter dem Motor von links nach rechts. *Ganz unten:* Außenansicht des gleichen Mark-V-Panzers. Man beachte den ungewöhnlichen Tarnanstrich.

Imperial War Museum

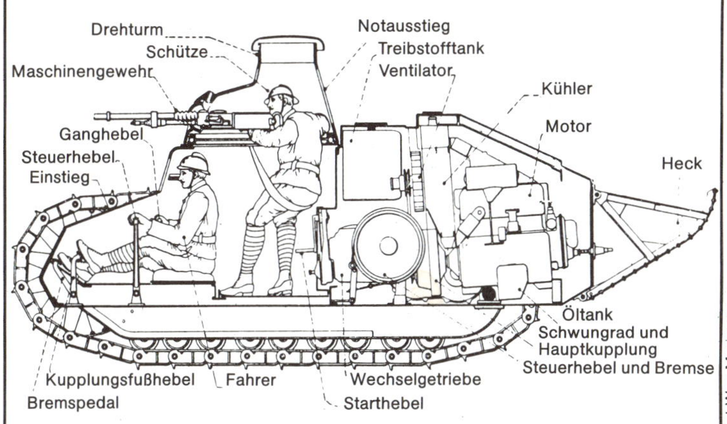

Schematischer Querschnitt durch einen französischen leichten (oder »Mosquito«-)Panzer

Imperial War Museum

Nachdem die Deutschen den ersten Schock überwunden hatten, sahen sie den Kampfpanzer als reine „Terrorwaffe" an und wandten wenig Zeit und Mühe für seine Entwicklung auf. Anders war es bei den Briten und Franzosen, wo einige Offiziere die Möglichkeiten dieser neuen Waffe sehr klar erkannten und sich eindringlich dafür einsetzten. *Kenneth Macksey*

Oben links: Der britische Kanonenträger Mark-I war mehr Selbstfahrlafette als Tank. Diese erste Selbstfahrlafette wurde im Januar 1917 eingeführt. Der hier abgebildete Typ ist mit einer 5,7-cm-Kanone bestückt. Andere Selbstfahrlafetten waren mit 15-cm-Haubitzen bewaffnet. Im Stellungskrieg an der Westfront trug das Erscheinen dieser Selbstfahrlafetten erheblich zur Verwirrung der gegnerischen Artilleriebeobachter bei. *Oben:* Leichter französischer Panzer vom Typ „Mosquito" der Firma Renault. Als Gegenstück zu dem britischen „Whippet-Tank" war dieses Fahrzeug weniger geländegängig, dafür aber sehr schnell. *Unten:* Der deutsche Panzer A 7 V. Eine große gepanzerte Kiste auf einem Holt-ähnlichen Fahrgestell mit einem Gewicht von 30 t. Der A 7 V zeigt, wie wenig Wert die deutsche Führung auf die Panzerentwicklung legte. **Nächste Seite (20)** *Oben:* Britischer Mark-V-Tank. Nachfolgetyp des bei Cambrai eingesetzten Mark-IV. Der Mark-V war der erste schwere Panzer, der von einem Mann allein gefahren werden konnte. Er kam erstmals 1918 zur Truppe und wurde im Juli des gleichen Jahres eingesetzt. *Unten:* Britischer Mark-IV-Tank mit „Kaulquappenheck". Diese Heckverlängerung wurde angebracht, um die Grabenüberwindungsleistung auf 4,3 m zu steigern. Das Heck war indessen nicht stabil und stark genug.

PANZER-ENTWICKLUNGEN

Imperial War Museum

Als die Handvoll übriggebliebener Tanks im November 1916 von den schlammigen Schlachtfeldern an der Somme zurückgezogen wurde, hätte eine grobe Meinungsumfrage bei den Männern an der Front sicherlich zu der Aussage geführt, diese Waffe habe wenig Zukunft, da ihre Wirkung zu gering war. Nach Überwindung der ersten Überraschung vertraten die Deutschen fast ausnahmslos die Auffassung, der Panzer sei in erster Linie eine gegen die Moral ihrer Soldaten gerichtete „Terrorwaffe". Im Vertrauen auf die Standhaftigkeit der eigenen Männer begnügte man sich damit, die Lösung des Problems der Artillerie und der Infanterie zu überlassen. Einer schrieb: „Die Soldaten erkannten bald ihre verwundbaren Stellen und griffen dementsprechend an." Ein anderer sah den Tank als „vergleichbar leichte Beute für die Artillerie, die Spezialgeschütze zu ihrer Bekämpfung einsetzte". Beim britischen Oberkommando hatte man dagegen eine optimistischere Meinung. Hier wurden das anfängliche technische Versagen der Tanks und die Unerfahrenheit der Besatzungen als unvermeidbare Folgen der Unerprobtheit von Gerät und Organisation erkannt. Feldmarschall Haigs Befürwortung der neuen Idee ging aus seiner dem Kriegsministerium gestellten Forderung nach 1000 neuen Tanks und der Einrichtung einer Zentralorganisation am 8. Oktober 1916 in Frankreich zur Entwicklung des Kampfwertes der Tanks hervor. So hat er lange vor dem Ende der Schlacht an der Somme das Hauptquartier des Tank-Corps ins Leben gerufen und damit für die Zukunft dieser neuen Waffe gesorgt.

Leiter des neuen Corps wurde der Brigadegeneral Elles, der Haig in der ersten Hälfte des Jahres positiv über die in England durchgeführten Versuche berichtet hatte. Einige Wochen später wurde ihm als Stabschef der Infanterieoffizier Major J. F. C. Fuller zugeteilt. Nachdem er von der Brauchbarkeit des Tanks überzeugt war, drängte Fuller mit seinem eigenen Beispiel die anderen Angehörigen des Stabes nicht nur, alle verfügbaren Informationen über Tanks zu sammeln, zu sichten und auszuwerten, sondern gleichzeitig neue und verbesserte Einsatzmethoden zu entwerfen. Dieses Team war dann in der Lage, eine amorphe Sammlung von Männern und Maschinen in eine zusammenhängende Kampfeinheit zu verwandeln, die untereinander und auch gemeinsam mit der Infanterie zuverlässig zusammenwirken konnte. Dies führte dazu, daß nun auch die Infanterie den Tank mehr als Helfer denn als Behinderung sah. Durch den Winter 1917 hindurch wuchs die neue Organisation und veröffentlichte eine Menge von taktischen Hinweisen. Sie gab an die Besatzungen und die neugeschaffene Werkstatt-Organisation eine Fülle von technischen Anweisungen heraus. Die Männer des Tank-Corps waren begeistert und lernten schnell. Schwieriger war es, die älteren Offiziere und diejenigen von der neuen Waffe zu überzeugen, die an der Seite der Tanks kämpfen sollten. Die Verbreitung neuer Ideen in einer Armee, die noch viel über ihre früher eingeführten Waffen zu lernen hatte, mußte langsam vor sich gehen. Der phantasielose Einsatz der Tanks in den Schlachten bei Arras, Bullecourt, Messines und Passchendaele beruhte in erster Linie auf der allgemeinen Interesselosigkeit. Und dies nur, weil der neuen Waffe trotz aller Appelle der Offiziere des Tank-Corps alle nur erdenklichen Schwierigkeiten gemacht wurden. Das Prinzip, daß Tanks – wie jede andere Waffe – ihre volle Wirkung nur erzielen konnten, wenn sie überraschend und in großer Zahl anstatt paarweise oder sogar einzeln eingesetzt wurden, blieb lange Zeit bei vielen hohen Offizieren ein Lippenbekenntnis. Viel schwerwiegender aber wog für die Panzermänner die Aussicht auf verstärkte deutsche Verteidigungsstellungen. Sie stützten sich auf tiefe Gräben, die von der Feldartillerie verteidigt wurden. Es war nicht bekannt, daß die deutsche Seite seit November 1917 den Tank praktisch nicht mehr als eine besondere Bedrohung ansah. Die französischen Panzer hatten sich bei Chemin-des-Dames auch nicht bewährt, und die neu ankommenden Ameri-

Imperial War Museum

kaner vertraten offen die Ansicht, daß eine Waffe, die den Deutschen in vollem Umfang bekannt war, keine militärischen Chancen habe.

Jene Militärs aber, die die Schwächen dieser neuen Fahrzeuge anprangerten, übersahen den ständigen Fortschritt der Technologie. Bereits zu jenem Zeitpunkt, als im Juni 1916 die ersten dünnwandigen britischen Mark-I-Panzer ausgeliefert wurden, entschloß man sich, einen geschoßsicheren Tank zu bauen. Dieser Auftrag führte schließlich zum Bau eines Fahrzeuges mit einer 5 bis 7,5 cm starken Panzerung, einer 5,7-cm-Kanone und 5 Maschinengewehren. Sein Gewicht betrug 100 Tonnen. Es erhielt den sarkastischen Spitznamen „Der fliegende Elefant". Bevor aber noch die Erprobung dieses Ungeheuers aufgenommen werden konnte, wurde im Januar 1917 die Entwicklung gestoppt, weil es zu teuer war. Zu diesem Zeitpunkt hatte sich indessen gezeigt, daß – obwohl Granatfeuer als stärkste Bedrohung der Tanks galt – die Überlebenschancen des Mark-I-Panzers besser waren, als Lord Kitchener und andere Militärs ursprünglich angenommen hatten. Neben der gefürchteten Unzuverlässigkeit lag die größte Gefährdung des Mark-I-Tanks in dem deutschen panzerbrechenden Geschoß, das die britische 10-mm-Panzerung niedriger Qualität leicht durchschlug. Aufgrund der Kampferfahrung wurde die Produktion der ersten Mark-I-, Mark-II- und Mark-III-Tanks auf eine Zahl von 200 Stück begrenzt. Gleichzeitig konzentrierte sich die Industrie auf den Bau eines zuverlässigeren und kampfstarken Fahrzeuges. Auf den ersten Blick sah der Mark-IV-Tank bei seiner Ankunft in Frankreich, im April 1917, seinen Vorgängern sehr ähnlich. Er hatte aber keine Heckräder mehr. Die Leistung des 105-PS-Daimler-Motors war noch nicht ausreichend, und es wurden immer noch 4 Mann benötigt, um das Fahrzeug zu fahren und zu steuern. In vieler Hinsicht war es aber wesentlich verbessert. Die 57-mm-Kanonen waren jetzt kurzläufig und eigneten sich wesentlich besser für das unebene Gelände als die frühere, längere Marineausführung. Unglücklicherweise war der Austausch der ursprünglichen Maschinengewehre von Hotchkiss und Vickers gegen solche vom Typ Lewis ein Rückschritt, der allerdings nicht gravierend war. Durch zusätzliche Treibstofftanks wurde die Reichweite erhöht. Die wichtigste Verbesserung jedoch lag in der Verstärkung der Stirnpanzerung auf 12 mm. Sie reichte aus, um das panzerbrechende Geschoß der Deutschen wirkungslos zu machen. Ihre Infanterie war jetzt völlig von dem Schutz durch die eigene Artillerie abhängig.

Höchste Dringlichkeitsstufe für neue Panzer

Die Briten verbesserten ihre rhombenförmigen Kampfwagen und suchten gleichzeitig mit den Franzosen nach Mitteln, um die Anzahl der verfügbaren Tanks und ihre Geschwindigkeit im Gelände zu erhöhen. Im Dezember 1916 schlug William Tritton einen sogenannten „Jagd-Panzer" vor, da er die Notwendigkeit für einen schnelleren Tank sah, der die Bresche ausnutzen konnte, die von den schweren Tanks in die deutschen Linien geschlagen worden war. Ihm schwebten gepanzerte Fahrzeuge vor, die die Aufgabe der Kavallerie übernehmen sollten, nachdem diese auf dem Gefechtsfeld kaum noch Chancen hatte. Aus dem „Jäger" wurde während des Jahres 1917 der erste „Medium-A-Tank" der Engländer entwickelt, der später als „Whippet" bekannt wurde. Diese 14-Tonnen-Tanks mit einer Geschwindigkeit von 12,8 km/h (doppelt so schnell wie der Mark-IV), mit vier Maschinengewehren ausgerüstet, gingen gerade in die Produktion, als das Tank-Corps sich im Schlamm von Passchendaele festfuhr. Sie waren aber vor 1918 nicht einsatzbereit.

Nachdem die ersten Kampfwagen der Typen Schneider und St.-Chamonds in vieler Hinsicht versagt hatten, wandten sich die Franzosen dem Bau leichterer Fahrzeuge zu. Auf Vorschlag Estiennes erhielt die Firma Renault im Juli 1916 einen Auftrag zum Bau eines einfachen, leichten MG-Trägers mit einem Gewicht von sechs Tonnen, der die Infanterie beim Angriff begleiten sollte. Im Dezember war das erste Fahrzeug mit der Bezeichnung Renault FT fertiggestellt, und im März 1917 wurde ein erster Auftrag für 150 Stück erteilt. Im Gegensatz zum britischen „Whippet", der Gräben bis zu 2 m Breite leicht überwinden konnte, hatte der FT schon Schwierigkeiten bei 1,80 m Breite, und er fand auch wenig Anklang bei jenen französischen Militärs, die der Ansicht waren, ein einziges Maschinengewehr als Bewaffnung sei nicht ausreichend. Trotzdem wurde aber nach der erfolgreichen Erprobung im April 1917, die rein zufällig mit dem Rückschlag bei Chemin des Dames zusammenfiel, der ursprüngliche Bauauftrag auf tausend Fahrzeuge erweitert, und es begann eine Großserienproduktion des einfachsten und billigsten bis dahin entwickelten Panzerkampfwagens.

Das Gefühl für die Dringlichkeit neuer Typen, von dem die alliierten Panzerbauer nun gepackt waren, hatte die Deutschen noch nicht erfaßt. Oberingenieur Vollmer von der Abteilung A 7 V erhielt im November 1916 die Weisung, einen Panzer zu entwickeln und zu bauen. Da der deutsche Generalstab aber davon überzeugt war, daß die Truppen an der Front auch mit den vorhandenen Waffen die feindlichen Tanks bekämpfen könnten, wurde diese Arbeit nicht besonders gefördert. Trotzdem war im Januar 1917 ein Holzmodell des Kampffahrzeuges mit der Bezeichnung A 7 V fertiggestellt, und vier Tage danach wurde ein Auftrag für hundert Stück erteilt. Die deutsche Industrie war aber 1917 fest auf die Erfüllung der herkömmlichen militärstrategischen Bedürfnisse eingestellt. An der Ostfront war man in der Offensive, und die Front war im Vormarsch; deshalb gab es dort keine besondere Dringlichkeit für einen Sturmpanzer. Auch im Westen gab es derzeit keinen direkten Bedarf, da das Heer im Abwehrkampf stand. Offensichtlich hatte man völlig die Möglichkeit übersehen, daß man eines Tages den Panzer brauchen würde, wenn man angreifen und die Gräben überwinden mußte. Vollmer konnte aufgrund der großen Eile und der fehlenden Unterstützung zunächst nichts Besseres tun, als einen großen Panzerkasten auf ein Chassis zu bauen, das einem Vorführfahrzeug der Firma Holt nachgebaut war und noch aus der Zeit vor dem Kriege nutzlos in Österreich herumstand. Der Prototyp des Dreißigtonners A 7 V, der im Oktober 1917 fertiggestellt wurde, erschien keineswegs vielversprechender als die ersten französischen Panzer auf Holt-Chassis. Im Jahre 1917 sollten keine der A-7-V-Panzer mehr einsatzbereit werden, und insgesamt wurden nur zwanzig Stück gebaut, da die überlastete Industrie in Deutschland voll mit der Fertigung konventioneller Waffen ausgelastet war. Unter diesen Umständen kann man das im März 1917 eingeleitete Projekt eines schweren 150-Tonnen-Tanks nur als Verzettelung und nicht als Teil eines durchdachten Plans werten.

Trotz der schweren Verluste, die die alliierten Tanks während des Sommers und Frühherbstes 1917 im Trommelfeuer der Artillerie erlitten, wurden die britischen und französischen Panzertruppen qualitativ und quantitativ ständig verbessert. Vor dem 20. November waren fast tausend Mark-IV-Tanks an die englischen Streitkräfte ausgeliefert worden. 450 von ihnen waren an diesem Tag einsatzbereit. Zum gleichen Zeitpunkt besaßen die Franzosen 500 Schneider- und St.-Chamonds-Panzer, die aber aufgrund der defensiven Frontstabilisierung bei den französischen Streitkräften wenig Verwendung fanden. Die Ausfallraten durch technische Unzuverlässigkeit überstiegen alle Vorstellungen. Bedenkt man aber, mit welcher Hast die Entwicklungen durchgeführt wurden, so waren die alliierten Fahrzeuge erstaunlich wirksam. Trotzdem bedeutete es auch für eine besonders gute Besatzung eine bemerkenswerte Leistung, wenn ein Panzer mehr als zwanzig Meilen ohne technische Panne schaffte. Alle Besatzungen wurden in größter Eile ausgebildet, und nur wenige erreichten schon 1917 einen hohen Standard. Sehr hoch war jedoch die Moral. Das Tank-Corps konnte vor allem in Frankreich mit seinem Führer und dessen Stab zufrieden sein. Brigadegeneral Hugh Elles war nicht gerade ein brillanter Offizier, besaß aber jugendliche Frische, gepaart mit ruhigem Fachwissen, und gab den Männern Vertrauen. Sein kluges Vorgehen gegenüber dem Oberkommando brachte dem Tank-Corps letztlich die ihm gebührende Anerkennung ein. In seinem ersten Generalstabsoffizier Fuller besaß er einen genialen Mann mit schnellem Verstand, der bereit war, seine Meinung auch höheren Offizieren gegenüber zu vertreten; einen Offizier mit wirklich neuen Gedanken, der die Rolle des Tanks weit über das bestehende Konzept des reinen Angriffsinstruments hinausgehend sah. Während er die taktischen Gedanken entwickelte und die Ausbildung sowie den Einsatz des Corps in dem ersten schwierigen Jahr nach der Neueinführung steuerte, suchte Fuller ständig nach neuen Wegen, um den Tank als beherrschende technische Waffe in der Entscheidungsschlacht einzusetzen. Eine Rolle also, in der er nicht nur als Unterstützung für Artillerie und Infanterie diente.

Trotzdem war er aber auch im Rahmen seiner weit ausgreifenden Vorstellungen bemüht, wie jeder gute Stabsoffizier genaue Pläne mit der Forderung aufzustellen, Tanks nie ohne genaue und sorgfältige Vorbereitung in die Schlacht zu schicken.

Als die Entscheidung fiel, den Tanks ihre erste große Chance bei einem Massenangriff zu geben, waren Fuller und sein Stab bereit und in der Lage, mit einer voll beherrschten Methodik Tanks unerkannt und schnell von einem Frontabschnitt an einen anderen zu verlegen. Sie hatten auch genaue Informationen über jedes von den Deutschen besetzte Gelände eingeholt, auf dem Tanks zum Einsatz kommen konnten. Dabei wurde eine Aufklärungsorganisation geschaffen, die den Besatzungen lange vor dem Einsatz zuverlässige Kenntnisse lieferte. Genaueste, aber einfache Verfahren für das Zusammenwirken zwischen Tanks, Infanterie, Artillerie und Flugzeugen beim Angriff waren entwickelt worden – Verfahren, die bei Cambrai das gesamte Angriffsgeschehen revolutionieren sollten. Wo bekannt war, daß die Tanks den sehr breiten Panzergraben überwinden mußten, der sich entlang der „Hindenburglinie" zog, wurden große Reisigrollen, sogenannte Faschinen, bereitgestellt. Sie wurden von den ersten Tanks des Verbandes nach vorne gebracht, mit ihrer Hilfe sollten die Gräben überwunden werden. Als die Tanks nun zum Einsatz kamen, kannte jeder Kommandant – im Gegensatz zu seinen Vorgängern vom 15. September 1916 – seine Aufgabe, verstand die Probleme, die zu meistern waren, und wußte, daß Artillerie, Infanterie und Flugzeuge angewiesen worden waren, den Tanks jede mögliche Unterstützung zu geben. Jedes Besatzungsmitglied war besser ausgebildet als jemals zuvor, und die einzige Gefahr drohte von der deutschen Artillerie, da die Fahrzeuge jetzt die Chance hatten, ohne große technische Defekte ihre festgelegten Angriffsziele zu erreichen.

DAS GEPANZERTE ERBE.
Die modernsten Panzertypen des Ersten Weltkrieges.

Ende 1918 erreichten die Lehrsätze, die zur Konstruktion der ersten Kampfpanzer 1916 geführt hatten, ihren Wendepunkt. Höhepunkt war der gerade in die Serienfertigung gehende Panzerkampfwagen „MK-VIII“ der Alliierten. Nun gewannen neue, bemerkenswerte konstruktive Details die Oberhand: Die Laufwerke wurden niedriger, die Wannenformen gedrungener, ihre Abmessungen geringer, und auch aufgesetzte Türme wurden wieder eingeführt. Es entstanden die Grundlagen für die Panzer der Zukunft. Nun blieb abzuwarten, ob die Militärs die taktischen Lehren gezogen hatten.

Oben: Das letzte Ergebnis der ersten britischen Konstruktionslehrsätze für Kampfpanzer war der anglo-amerikanische schwere Tank **Mark-VIII.** Er war der schwerste im Krieg gebaute Panzer, der gleichzeitig neue Maßstäbe für den Komfort der Besatzung setzte. Zum Zeitpunkt des Waffenstillstandes waren 4 Prototypen fertiggestellt. Gewicht: 37 t; Besatzung: 8 Mann; Bewaffnung: Zwei 5,7-cm-Kanonen mit 208 Schuß und sieben 7,72-cm-MG mit 13 484 Schuß; Panzerung: vorn 16 mm, Seiten, Kasematten und Turm 12 mm bzw. 10 mm, oben 6 mm; Motor: V-12-Ricardo (britisch) oder V-12-Liberty (amerikanisch) mit je 300 PS; Geschwindigkeit: 11,5 km/h; max. Hindernissteigfähigkeit: 1,35 m; Grabenüberwindungsleistung: 5 m; Fahrbereich: 80 km; Länge: 10,43 m; Breite: 3,76 m; Höhe: 3,12 m. *Links oben:* Der **Carro Armato Fiat 2000** war der erste italienische Versuch der Entwicklung eines schweren Kampfpanzers. Es wurden nur zwei Muster gebaut. Gewicht: 40 t; Besatzung: 10 Mann; Bewaffnung: eine 6,5-cm-Kanone und sieben MG; Panzerung: min. 15 mm, max. 20 mm; Motor 6-Zylinder-Fiat, 240 PS; Geschwindigkeit: 7,2 km/h. *Links unten:* Französischer **Char de Rupture 2C.** Zwischen 1920 und 1922 wurden zehn dieser 1918 entworfenen Ungeheuer gebaut. Gewicht: 70 t; Besatzung: 13 Mann; Bewaffnung: eine 7,5-cm-Kanone mit 125 Schuß und vier MG mit 10 000 Schuß; Motoren: Zwei Daimler- oder Mercedes-6-Zylinder mit je 250 PS; Geschwindigkeit: 13 km/h; Fahrbereich: 171 km; Länge: 13,16 m; Höhe: 3,86 m; Breite: 3 m. *Unten:* Das deutsche Gegenstück zu dem britischen „Whippet“ war der **LK II.** Gewicht: 8,75 t; Besatzung: 3 Mann; Bewaffnung: eine 5,7-cm-Kanone (eine andere Ausführung hatte zwei MG); Panzerung: min. 8 mm, max. 14 mm; Motor: 4-Zylinder-Daimler, 55 PS; Geschwindigkeit: 12,9 km/h; Fahrbereich: 64 km; Länge: 5,70 m; Höhe: 2,50 m; Breite: 1,95 m. Die Motorleistung des LK II war zu schwach, und der geringe Schwenkbereich der Waffen war ein Nachteil. Vor dem Waffenstillstand wurden nur wenige Prototypen gebaut. Ähnlich wie bei den britischen mittleren Panzern war das Fahrzeug nicht voll gepanzert.

1939

DAS KRÄFTEVERHÄLTNIS DER PANZER IST AUSGEGLICHEN

Im bevorstehenden Feldzug sollte der Panzer die entscheidende Waffe sein. Die Deutschen verfügten gegenüber den Alliierten weder über mehr noch über bessere Panzer. Sie setzten sie aber gezielter und wirkungsvoller ein.

Das Ende des Ersten Weltkrieges im November 1918 schien den Sieg der Alliierten und die totale Niederlage der deutschen Armee zu bedeuten. Es spiegelte aber nicht die tatsächlichen Kräfteverhältnisse an der Front und auch nicht den Umfang der Wandlung in der Kriegführung wieder. Selbst in den letzten Monaten des Krieges zogen sich die deutschen Truppen noch geordnet auf das eigene Land zurück. Sie begannen sogar die eigenen Fronten zu festigen, während die Offensivkraft der alliierten Armeen aufgrund ihrer Verluste und der Schwierigkeiten, die sich bei Versorgung von Mensch und Material ergaben, je größer die Entfernung von den eigenen Basen wurde, nachließ. Es wurde zunehmend schwieriger, die kriegsentscheidenden Waffen – Panzer und Artillerie – an die Front zu bringen und dort in Massen einsatzbereit zu halten. Ohne ihre Unterstützung konnten die relativ dünnen, aus Maschinengewehrschützen gebildeten Linien die gegnerische Infanterie und Kavallerie gerade lange genug aufhalten, um weiter hinten den Bau von Verteidigungslinien möglich zu machen. Anfang November 1918 wurde der alliierte Vormarsch langsamer und schwächer. Dennoch trat der Wendepunkt im August und September ein, als die großen Rückschläge, die die deutschen Truppen erlitten, und das Fehlschlagen eigener Offensiven die Kriegsmüdigkeit von Volk und Armee noch unterstrichen.

Der entscheidende Rückschlag ereignete sich am 8. August 1918 bei Amiens, als 430 britische Tanks zusammen mit der Kavallerie und Infanterie die deutschen Linien durchbrachen und General Ludendorff, der das Steuer der deutschen Kriegsmaschinerie führte, von der Notwendigkeit überzeugten, daß der Krieg beendet werden müsse. Die Art der Kampfführung der britischen Tanks in engem Zusammenwirken mit der Kavallerie und Infanterie führte zwar gerade nur zum Eindringen in die vorderen deutschen Verteidigungslinien. Aber ihr Einsatz in derart großen Zahlen, der ihnen ein Vordringen bis zu 8 km pro Tag ermöglichte, hinterließ bei den deutschen Militärs und den Soldaten an der Front einen Schock, von dem sie sich nicht mehr ganz erholten.

Die Panzer des Jahres 1918 waren weder schnell noch zuverlässig genug, um gegnerische Linien aufzubrechen und dann tief in den taktischen Raum vorzustoßen. Die für den Einsatz im Jahre 1919 konstruierten Panzer sollten jedoch eben dazu in der Lage sein, und die alliierte Planung für jenes Jahr verfolgte eine derartige Strategie. Diesen neueren, schnelleren und zuverlässigeren Fahrzeugen hätte man auf deutscher Seite nur herkömmliche Artillerie, einige wenig wirksame Panzerabwehrbüchsen und einige schwerfällige eigene Panzer entgegensetzen können. Zu wenig, um die Angriffe der Alliierten ernsthaft abzuwehren.

Ludendorff hatte den Panzer abgelehnt, da er sich nicht vorstellen konnte, daß die ersten, langsamen, schwerfälligen Fahrzeuge jemals zu einer brauchbaren Waffe werden könnten. In jedem Fall brauchen alle Armeen nach der Einführung neuer Waffen lange Zeit, bis diese technisch beherrscht und einsatzmäßig mit der besten Wirkung verwendet werden können. Aus diesem Grunde konnte auch der von den Alliierten in zwei Jahren erzielte Vorsprung von den Deutschen nicht in wenigen Monaten eingeholt werden.

Der Verfall

So endete der Erste Weltkrieg zu einem Zeitpunkt, als der Sieg im Felde nicht eindeutig und seine Gründe nicht klar umrissen waren. Für viele Deutsche gab es keinen Zweifel, daß der überraschende Masseneinsatz von Panzern an Frontabschnitten, wo man ihn am wenigsten erwartete, der Hauptgrund für die eigene Niederlage war. General von Kühl, Stabsoffizier der bei Amiens angegriffenen und geschlagenen Armeegruppe, schrieb zehn Jahre später, daß der wichtigste und entscheidendste Faktor zur Erzielung des Überraschungsmoments der Panzer war.

Die Alliierten waren keineswegs in der gleichen Weise dieser Überzeugung. Aufgrund des aus der allgemeinen Kriegsmüdigkeit entstandenen Beharrungsvermögens ließen sie es zu, daß ihr militärisches Denken nach 1918 weitgehend verfiel. Nach der in Frankreich 20 Jahre lang gültigen Vorstellung dienten Panzer ausschließlich zur Unterstützung der Infanterie und als Kavallerie-Ersatz in der Aufklärungsrolle. Man stellte sich den Ablauf zukünftiger Angriffsoperationen ähnlich wie 1918 vor. Dies führte dazu, daß man sich hauptsächlich auf die Befestigungsanlagen der Maginotlinie zu verlassen begann und dadurch eine reine Defensiv-Mentalität entwikkelte. Einen von Panzerarmeen geführten Bewegungskrieg im eigenen Land konnte man sich nicht vorstellen. Die französischen Panzer waren deshalb in Bataillone gegliedert, deren größter Teil (33 mit je 45 bis 60 Panzern) in kleinen Gruppen mit Infanteriedivisionen zusammenwirken sollte.

Die von der französischen Armee ab 1932 durchgeführten Versuche stützten sich auf die vorhandenen Kavalleriedivisionen. Aus diesen Versuchen gingen 3 leichte mechanisierte Divisionen mit je 220 Panzern, Spähwagen und einer Infanteriebrigade hervor. Eine vierte befand sich im Mai 1940 in Aufstellung. Die Franzosen drohten diese gut ausgewogenen Divisionen aber nicht richtig zu nutzen, da die alte Kavalleriedoktrin vorschrieb, sie als losen Sicherungsschirm und als Vorposten vor den alliierten Armeen beim Vorgehen über die Grenzen einzusetzen, um den Deutschen bereits in Belgien zu begegnen.

Nach der Zerschlagung der polnischen Streitkräfte im September 1939, die in erster Linie auf den kombinierten deutschen Einsatz von Panzern und Flugzeugen zurückzuführen war, begann man in Frankreich eilig mit der Aufstellung von vier neuen Panzerdivisionen mit schweren Panzern und im Verhältnis dazu nur wenig Infanterie. Es handelte sich aber immer noch nicht um reine Panzerdivisionen. Man ging von der Voraussetzung aus, daß die Panzer eine Bresche in die Front schlagen sollten, durch die dann herkömmliche Einheiten vorgehen sollten. Es handelte sich also nur um eine Erweiterung der Richtlinien, welche die Panzer an die Infanterie banden und die dazu führten, daß sie nicht in ausgewogenen Einheiten die Möglichkeit hatten, weit in das rückwärtige Gebiet des Gegners vorzudringen, um so das Herz seines Kriegspotentials zu treffen.

England litt nicht unter der gleichen Stagnation des strategischen Denkens wie Frankreich. Da man indessen überzeugt war, 1918 den Krieg gewonnen zu haben, glaubte man lange Zeit, auf diesen Lorbeeren ausruhen zu können. Die schweren Verluste an Tanks in den letzten Monaten des Ersten Weltkrieges gaben denjenigen Militärs Auftrieb, die der Meinung waren, daß die Maschine das Pferd als Mittel der entscheidenden beweglichen Waffengattung keineswegs ersetzen könne. Das lebenslange Kameradschaftsgefühl zum Pferd war so stark, daß es jeder Änderung dieses Zustandes entgegenstand. Darüber hinaus waren die hohen Kosten, die Bau und Betrieb der Panzer für den Steuerzahler verur-

Frankreich

H-39 –
der „Char d'assaut“ („Jagdpanzer“) der gepanzerten Kavalleriedivisionen.

S-35 –
eine 47-mm-Kanone im Drehturm. Für sein Gewicht von 20 t ein schnelles Fahrzeug.

„Char B“ –
wohl der beste französische Kampfpanzer, mit einer 75-mm-Kanone in der Wanne und einer 47-mm-Kanone in einem Drehturm. Die Panzerung war fast doppelt so stark wie die der besten deutschen Panzer. Im Gefecht war jedoch der Einmannturm ein großer Nachteil.

John Batchelor

Die „Panzer-Idee" muß sich gegen das Pferd durchsetzen

sachten, der ohnehin genug vom Krieg hatte, überzeugende Gegenargumente, die Neubauten und eine Ausweitung lange Zeit verhinderten.

Die „Panzer-Idee"
Trotz allem wurde in England echter Fortschritt erzielt. Die Entdeckung, daß Panzer und gepanzerte Radfahrzeuge ein billigeres und besseres Mittel für Polizeiaktionen in den turbulenten Teilen des Empire waren, begünstigte weitere Versuche. Die Beharrlichkeit einiger weniger Begeisterter zeichnete die „Panzeridee" als ein Element der Kriegführung auf, das weit über das taktische Gefechtsgeschehen hinaus in den Bereich der strategischen Entscheidung vordringen sollte. Namen wie der des Captain Liddell Hart und der Generale Fuller, Lindsay, Broad, Hobart und Martell stehen am Anfang der kurzen Liste derjenigen Pioniere, die erkannten, daß Panzertruppen das entscheidende Element zukünftiger Kriege sein würden. Gemessen an den alten Armeen zu Pferde und zu Fuß erreichte man auch die größtmögliche Wirtschaftlichkeit der Stoßkraft.

Diese Männer entwarfen und bildeten Panzereinheiten und -verbände aus, die von der Konzeption und der technischen Leistungsfähigkeit her einmalig waren. Ende 1934 hatte Hobart als Kommandeur der 1. Panzerbrigade in vollem Umfange das bestätigt, was Broad und Pile bereits in den vorangegangenen Jahren aufgezeigt hatten, nämlich das Vermögen eines beweglichen Panzerverbandes, herkömmliche Streitkräfte durch unbegrenzte Vorstöße auszumanövrieren. Sie bewiesen auch, daß Panzer der Infanterie dieser Zeit überlegen waren. Diese Männer waren keine Träumer. Sie waren erfahrene Soldaten, die ihr Urteil auf ihre bitteren Erfahrungen stützten, die sie in den 4 Jahren des Gemetzels des Ersten Weltkrieges gemacht hatten. Oft waren sie ungeduldig gegenüber jenen, die nicht begreifen konnten oder wollten und durch ihre langsamen Gedankengänge nicht in der Lage waren, mit den Erfordernissen mechanisierter Streitkräfte Schritt zu halten.

Vor allem Hobart, der mit seinem starken Durchsetzungsvermögen seine Vorstellungen vorantrieb, wollte nicht zulassen, daß die beim Panzereinsatz notwendige Geschwindigkeit durch Einheiten der Infanterie, der Artillerie und der Kavallerie verlangsamt wurde, da diese nicht mit seinen Fahrzeugen und ihrem Gefechtstempo mithalten konnten. Mit seinen Forderungen nach hervorragenden Leistungen und hoher Geschwindigkeit erschreckte er seine konventionelleren Kameraden. Das führte schließlich dazu, daß Hobart beschuldigt wurde, eine nur aus Panzern bestehende Armee ohne traditionelle Waffen zu fordern. Dieser Vorwurf war gänzlich unbegründet, da bekannt war, daß Hobart und sein Stab Artillerie und Infanterie in geeigneten gepanzerten Fahrzeugen forderten, um ihre Panzer zu begleiten. Es wurde aber der Eindruck vermittelt, diese Männer forderten eine ausschließlich auf dem Panzer basierende Armee. Die vorhandenen Gegenkräfte machten sich diesen Vorwurf schnell zunutze, um den Fortschritt der Panzer-Verfechter zu bremsen.

Den Traditionalisten gelang es auch, politische Unterstützung zu erhalten. Der Staatssekretär für das Finanzwesen im Kriegsministerium, Duff Cooper, führte 1934 im Parlament aus: „Je mehr ich mich damit (mit militärischen Angelegenheiten) befasse, um so mehr werde ich von der Wichtigkeit der (berittenen) Kavallerie in der modernen Kriegführung beeindruckt." 1935 wurde Duff Cooper Kriegsminister.

Die Traditionalisten bestanden darauf, daß einige Panzertypen ausschließlich zum gemeinsamen Einsatz mit der Infanterie entwickelt werden sollten, so wie es in Frankreich geschah. So begann man in Großbritannien, zwei Arten von Panzerkräften zu entwickeln: die schnellen „Nur-Waffen"-Verbände, aus denen dann die zukünftigen Panzerdivisionen entstanden, und die Panzer-Bataillone zur Unterstützung der Infanterie, die mit den sogenannten „I"-Panzern ausgestattet wurden.

Im Rahmen der Untersuchungen völlig neuer Probleme, die im Zusammenhang mit den motorisierten Truppen standen, bildeten die Engländer einen kleinen Kader von Fachleuten aus, deren Kenntnisse und Erfahrungen von unschätzbarem Wert waren, als der Krieg und damit die Notwendigkeit der Aufrüstung kamen. Als die Entscheidung – endlich und viel zu spät – 1937 fiel, eine große Zahl von Kavallerieregimentern mit Panzern auszustatten, anstatt das bestehende Tank-Corps zu erweitern, wurde die Verbesserung der Qualität und Quantität erneut kurzfristig zu einem Zeitpunkt gebremst, als der Faktor „Zeit" im Rennen um den Ausgleich mit der deutschen Wiederaufrüstung außerordentlich klein war.

Aus diesem Grunde war nur ein kleiner Teil der britischen Tankeinheiten, die im Mai 1940 in den Krieg zogen, in motorisierter Kampfführung erfahren.

Unter den britischen Panzereinheiten, die im Mai 1940 zum Einsatz bereitstanden, befand sich nur eine Panzerdivision. Diese stand aber noch in England in der Ausbildung. Im Frankreich befand sich ein Verband mit der Bezeichnung „1st Army Tank Brigade", der in zwei Bataillone gegliedert und mit „I"-Tanks ausgerüstet war. Die Brigade war speziell für die Zusammenarbeit mit der Infanterie geschaffen worden. Es handelte sich um das 4. und 7. Bataillon des Royal Tank Regiment. Das am 1. Mai 1940 nach Frankreich verlegte 7. Bataillon war nicht so gut ausgebildet wie das 4. Bataillon. Außerdem gab es bei den britischen Streitkräften in Frankreich (British Expeditionary Forces – BEF) sieben leichte gepanzerte Kavallerieregimenter. Ihre Aufklärungs- und Unterstützungsaufgaben im Rahmen der Infanteriedivisionen waren mit der traditionellen Aufgabe der Kavallerie vergleichbar.

Die deutsche Begeisterung
Die Frankreich und England nach 1918 auferlegten Beschränkungen unterschieden sich völlig von den Deutschland auferlegten. Da der Versailler Vertrag Deutschland den Besitz von Panzerkampfwagen verbot, konnte es nur sporadisch und geheim einige Versuche durchführen, die vorwiegend in Rußland stattfanden. In Deutschland war man der Meinung, daß die eigene Niederlage außer dem Mißerfolg anderer Waffen auch dem falschen Einsatz der Tanks zuzuschreiben sei. Man bemühte sich deshalb, besondere Kenntnisse über Panzertruppen zu erlangen. Die traditionellen Hindernisse, gegen welche die englischen Pragmatiker zu kämpfen hatten, ließen auch die fortschrittlichen deutschen Militärs nicht sofort zum Zuge kommen. Mit dem Erscheinen Hitlers änderte sich aber die politische Umwelt im Gegensatz zu der in England.

Gleichzeitig mit der Beseitigung der Versailler Beschränkungen unterstützte Hitler begeistert jene Militärs, deren Gedanken und Erfahrungen sich ganz auf den Panzer konzentrierten. Die Generale, die erste Überlegungen zum Thema Panzer angestellt hatten, wie Guderian, Thoma, Lutz, Brauchitsch, Blomberg und Reichenau, traten jetzt in den Vordergrund.

Diese Männer besaßen Vorstellungskraft und Scharfblick, das Verständnis für die strategische und psychologische Wirkung tiefer Vorstöße und Gefallen an der Schnelligkeit und Entscheidungswilligkeit, die gepanzerte Operationen voraussetzten. Sie erkannten den Nutzen, den sie aus dem Studium und dem Nachvollzug der englischen Versuche ziehen konnten. (Guderian soll nach einem erfolgreichen Panzermanöver vor dem Kriege einen Toast auf Hobart ausgebracht haben.) Sie schenkten den Franzosen in dieser Hinsicht wenig Interesse – nicht einmal Charles de Gaulle, der eine kurze Arbeit mit dem Titel „Die Armee der Zukunft" veröffentlicht hatte. Bis 1936 hatte Deutschland an Zahl und Qualität der eigenen Fahrzeuge erheblich aufgeholt und gegenüber England und Frankreich in bezug auf Gliederung und Einsatz einen klaren Vorsprung erzielt, obwohl beide noch zwei Jahre zuvor in jedem Bereich der Panzer-Kampfführung an der Spitze lagen.

In Deutschland gliederte man von Anfang an die Panzer in eigene Panzerdivisionen, die sich aus wohlausgewogenen Panzer-, Artillerie-, Infanterie- und Pioniereinheiten sowie Versorgungseinheiten zusammensetzten. Der britischen und französischen Vorstellung des Infanterie-Panzers und der damit verbundenen Einsatzdoktrin wurde keinerlei Beachtung geschenkt. Die von ihrer eigenen Artillerie und Infanterie unterstützten Panzer sollten als konzentrierte, strategische Kampfgruppe gegen die schwächsten gegnerischen Punkte weit vor den langsameren deutschen Infanterieverbänden operieren.

Diese – im Verband ausgebildete – aus zehn Panzerdivisionen bestehende Panzerarmee hatte am 9. Mai 1940 auf allen Ebenen ein großes Maß an Erfahrung. Viele Offiziere und Mannschaftsdienstgrade waren Angehörige von Panzereinheiten, die im spanischen Bürgerkrieg an der Seite Francos in der „Legion Condor" gekämpft hatten. Dort hatten sie praktische Kampferfahrung gesammelt. Sie hatten neue Einsatzmethoden und die Leistungsfähigkeit ihrer Fahrzeuge erprobt und konnten beobachten, welchem Schicksal Panzer ausgesetzt waren, die in kleinen Stückzahlen im Gefecht eingesetzt wurden. Außerdem wurden die umfangreichen Friedensmanöver in Deutschland durch die Erfahrungen der reibungslosen Besetzungen Österreichs 1938 und der Tschechoslowakei 1939 ergänzt. In schnellen, weitreichenden Vorstößen durch diese Länder erteilten sich die Panzerverbände Selbstunterricht in Hinblick auf den wichtigen Führungs- und Versorgungsablauf, ohne zunächst echtem Kampfgeschehen ausgesetzt zu sein. Als im September 1939 der Krieg begann, klappten Führung und Versorgung einwandfrei, und die Panzerdivisionen bezwangen die altmodische polnische Armee in wenigen Tagen. Damit war bewiesen, daß hochspezialisierte, mechanisierte Streitkräfte in der Lage waren, umfangreiche herkömmliche Armeen zu bezwingen. Es bestätigte sich auch, was eigentlich schon lange bekannt war, daß Luftstreitkräfte, die eng mit Panzern zusammenwirkten, für die tief im Rücken des Gegners operierenden eigenen Kräfte ein Element starker Feuerunterstützung darstellten. Dabei war das Flugzeug Ersatz für die schwere Artillerie.

Sänger ohne Lied
Man kann somit die allgemeine Lage der am 9. Mai 1940 einander gegenüberstehenden Panzerkräfte wie folgt zusammenfassen: Frankreich trat mit einer um 20 Jahre veralteten Einsatzmethodik und mit Fahrzeugen, deren Besatzungen hinsichtlich der Schnelligkeit und des Raumes moderner Gefechtsbedingungen keinerlei Erfahrung hatten, zusammen mit den Engländern an. Die Einsatzmethodik der Engländer war viel zeitnaher, aber man versuchte sie mit zu wenig Fahrzeugen zu praktizieren. Die Offiziere

Theoretisch konnten die Alliierten den 3000 deutschen Kampfpanzern 3600 eigene entgegenstellen. Die britischen Infanteriepanzerkampfwagen wie der Mark-I und der Matilda-Mark-II konnten dem stärksten Feuer früher deutscher Panzerkanonen widerstehen. Das galt auch für die französischen „Char B". Kein britischer Kampfpanzer vereinte aber – so wie die modernen deutschen Entwicklungen – Geschwindigkeit und Feuerkraft. Besonders verwundbar waren die leichten und die „Cruiser"-Typen der britischen Kampfpanzer.

Großbritannien

Mark-VI, leichter Panzer.

Infanteriepanzer Mark-I (Matilda war der Mark-II). Bessere Panzerung als der „Char B". Die Mark-I und -II waren den deutschen Kampfpanzern an Feuerkraft gleichwertig.

A-9 – ein weiterer leichter Panzer der Engländer.

A-13 – „Cruiser" – Kampfpanzer mit einer 40-mm-Kanone im Turm. Sehr leichte Panzerung.

und Mannschaften hatten noch nicht die Zeit gefunden, ihre neue Aufgabe begreifen zu lernen. Es war dieser Mangel an Erfahrung, der die Kampfqualität der Alliierten am meisten beeinträchtigte. Ihre Panzerverbände hatten aufgrund herrschender Richtlinien oder aus Mangel an Fahrzeugen kaum gemeinsame Übungen durchgeführt. Es gab auch kein direktes Zusammenwirken mit den Luftstreitkräften im Vorfeld der Landgefechte. Sie waren also tatsächlich wie Sänger ohne ein Lied.

In fatalem Zusammenhang mit der begrenzten Verwendungsmöglichkeit des Panzers stand das Versagen des alliierten Oberkommandos. Es hatte versäumt, geeignete strategische Vorbereitungen für die Zerschlagung der deutschen Angriffe auszuarbeiten, bevor diese anliefen. Man glaubte trotz der Warnungen erfahrener Männer ernsthaft, daß einige Geländearten naturgegeben panzersicher seien und einige Gebiete durch die Errichtung von Beton- und Stahlbefestigungen gesichert werden könnten. Man meinte, daß mechanisierte Armeen nicht durch die engen Wiesen, Täler und Wälder der Ardennen vorstoßen konnten, die Maginotlinie entlang der belgischen Grenze, bestimmte Überschwemmungsgebiete und große besiedelte Gebiete ebenfalls Hindernisse für den Panzereinsatz seien.

Aus diesem Grunde erarbeiteten die Alliierten keine Pläne für Panzergegenstöße in Gegenden, die als panzersicher angesehen wurden. Die besten motorisierten Teile der französischen Armee wurden nicht so eingesetzt, daß sie sofort in einen konzentrierten Gegenangriff übergehen konnten, selbst wenn ihre Grundsätze diese Einsatzart vorgesehen hätten. Wie zuvor aufgezeigt, gab es eine solche Doktrin nicht, und es ist vorstellbar und wahrscheinlich, daß die leichten motorisierten Divisionen und die neuen Panzerdivisionen verzettelt (und deshalb unterlegen) gegen überlegene gegnerische Verbände eingesetzt worden wären.

Ihren deutschen Gegnern fehlte es dagegen nicht an Einsatzlehrsätzen, Ausrüstung, Ausbildung und Erfahrung. Sie waren Meister einer neuen, siegreichen Kampfführung, die Geschwindigkeit und Beweglichkeit auf das Gefechtsfeld brachte. Durch das Zusammenwirken von Geschwindigkeit, Schlagkraft und Schockwirkung brachten sie in das Kampfgeschehen völlig neue Momente. Die Durchschlagskraft der deutschen Panzerdivisionen konnte nicht mit der alliierten Methodik verglichen werden, die grundsätzlich kavallerie- und infanterieorientiert war. Die Deutschen hatten der Kriegführung mit der Reichweite und Schlagkraft ihrer Panzertruppen eine neue Dimension gegeben.

Panzertypen:
Noch hatten die Alliierten das unvermeidliche Übergewicht an Material. Sie hatten mehr Panzer als Deutschland, und viele davon waren obendrein technisch überlegen. Die ersten zehn deutschen Panzerdivisionen hatten nur 627 Panzer der stärkeren Typen Pzkw III und IV mit 37-mm- bzw. 75-mm-Kanonen und einer Panzerstärke bis zu 30 mm. Die übrigen 2060 Panzer waren leicht gepanzerte Fahrzeuge, die weitgehend nur mit 20-mm-Maschinenkanonen bestückt waren. Darunter waren allerdings 381 Stück des erprobten leichten tschechischen Typs Praga 38 (t) mit einer 37-mm-Kanone. Zusätzlich zu den rund 2690 Panzern der Panzerdivisionen befanden sich 800 – meistens leichtere Typen – in der Reserve.

Auf französischer Seite standen ihnen rd. 3000 Panzer gegenüber. Davon etwa 500 Stück in Einheiten, die sich noch in der Aufstellung befanden, und zusätzlich ältere Fahrzeuge in der Reserve. Von diesen 3000 Panzern befanden sich 1292 in den leichten, mechanisierten und neuen Panzerdivisionen, und der Rest war auf die Infanteriedivisionen verteilt. Zu dieser Gesamtstärke muß die der Briten hinzugerechnet werden, die am 9. Mai 1940 in Frankreich 210 leichte Panzer in den leichten Panzerregimentern und 100 „I"-Panzer in der 1st Army Tank Brigade hatten. Weitere 174 leichte Panzer und 156 der neuen sogenannten „Cruiser"-Panzer der englischen Panzerdivision standen bereit, um über den Kanal gebracht zu werden, als die Schlacht begann. Die Alliierten konnten also den 3000 Panzern auf deutscher Seite etwa 3600 eigene entgegenstellen.

Der Kampfwert der auf beiden Seiten eingesetzten Panzertypen ist also annähernd als gleichwertig anzusehen. Der beste Panzer auf französischer Seite, der „Char B", war mit einer hervorragenden 47-mm-Kanone im Turm und einer 75-mm-Kanone in der Wanne bestückt. Der S-35 „Somua" (20 t) war schnell und hatte ebenfalls eine 47-mm-Kanone im Turm. Die Panzerstärken dieser Panzer betrugen zwischen 40 und 60 mm. Im Vergleich dazu lag die höchste deutsche Panzerung zunächst bei 30 mm. 800 dieser neuen Panzer waren vorhanden, und auch die älteren Typen waren den leichteren deutschen Fahrzeugen weitgehend ebenbürtig. Die 384 leichten britischen Panzer waren im Panzergefecht mit Sicherheit weit unterlegen, da ihre Kanonen Panzerungen nicht durchschlagen konnten. Ihre große Geschwindigkeit und ihre geringe Größe konnten aber beim Einsatz als Aufklärer von Vorteil sein. Die 100 Infanteriepanzer, davon 23 des neuen Typs „Matilda", waren sehr stark gepanzert (bis zu 70 mm) und deshalb vor der Wirkung der deutschen Kampfwagenkanonen sicher. Dagegen konnten die 40-mm-Kanonen, mit denen die schwächer gepanzerten „Cruiser"-Tanks der englischen Panzerdivision und auch der „Matilda"-Panzer bestückt waren, auf Kampfentfernung die Panzerplatten der deutschen Fahrzeuge durchschlagen.

Während die deutschen und die britischen Panzer – mit einer Ausnahme – mit Türmen für zwei oder drei Mann gebaut waren, hatten die Franzosen nur einen Mann im Turm. Dieser stand vor der schwierigen Aufgabe, das Fahrzeug zu befehligen, die Kanone zu bedienen und häufig auch noch den Einsatz anderer Fahrzeuge zu steuern. Die eine Ausnahme auf britischer Seite war der Infanteriepanzer Mark-I, der bezogen auf Führungs- und Einsatzwert ein großes Problem darstellte.
Dieser technische Faktor bedeutete, daß die deutschen und die meisten britischen Besatzungen als Teams in der allumfassenden Organisation ihrer Panzerverbände kämpfen konnten. Für die deutsche Seite stellte das also einen großen Vorteil dar, sobald ihre Panzerverbände auf französische trafen. Hierdurch wurde der Umstand ausgeglichen, daß der größte Teil der deutschen Panzer durch die gegnerischen Kampfwagenkanonen verwundbar war, während die Kanonen ihrer eigenen die Panzerungen eines großen Teiles der alliierten Tanks nicht durchschlagen konnten.

Führungsqualitäten
Die persönliche und direkte Befehlsführung wirkt sich besonders auf den kämpfenden Soldaten aus, der nach herkömmlicher Vorstellung erwartet, daß auch die Generäle in der vordersten Linie mit den vorgehenden Panzern direkt oder über Funk in enger Tuchfühlung stehen. Dies wurde auf der deutschen Seite mehr als auf der alliierten praktiziert. Die Franzosen hielten ihre Befehlsstellen entsprechend den Gepflogenheiten von 1918 weit hinter der Front und besaßen auch kein für den schnellen Gefechtsablauf geeignetes Führungssystem. Berücksichtigt man diese Tatsachen und die Abgeschiedenheit des – allein im Turm sitzenden –Panzerkommandanten von seiner restlichen Besatzung, so ist es verständlich, daß dies zu einem Abfall der Kampfmoral in den französischen Panzereinheiten führte. Das wurde übrigens später von britischen Panzerbesatzungen bestätigt, die während des Frankreichfeldzuges zusammen mit französischen Tankeinheiten operierten. Sie berichteten, daß die französischen Besatzungen ängstlich, ja fast gelähmt waren, wenn sie deutschen Panzern gegenüberstanden. Dieser übertriebene Respekt vor dem Gegner war auf die Schläge zurückzuführen, die sie bei den ersten Zusammentreffen mit den deutschen Panzern erhielten. Selbst wenn die Kampfmoral sich am 9. Mai auf beiden Seiten die Waage gehalten haben mochte, so schlug sie eine Woche später wegen der Fehler in der Organisation, der Führung und der Taktik eindeutig und unwiderruflich zugunsten der Deutschen aus.

Die herausragende Überlegenheit der Deutschen gegenüber den Alliierten ergab sich aus dem Einsatz ihrer gut zusammenwirkenden, massierten und aus allen Truppengattungen bestehenden Verbände an den kritischen Punkten des Kampfgeschehens sowie ihrer Führung durch weitblickende und entschlossene Männer. Generäle vom Rang Guderians und Reinhardts führten die Panzerkorps von ihren Befehlswagen aus (Rommel war übrigens einer der Divisionskommandeure). Es konnte nicht ausbleiben, daß diese Talente ihren Gegnern mit althergebrachten Vorstellungen überlegen sein mußten. Keiner der 1940 auf alliierter Seite kämpfenden Generäle hatte fundierte Kenntnisse über die Panzerkriegführung. Mit einem geradezu erstaunlichen Mangel an Voraussicht wurden jene alliierten Offiziere, die sich damit befaßt hatten, in Positionen verwendet, in denen ihre Talente ungenutzt blieben. General Martell war Kommandeur einer Infanteriedivision: Broad, Pile und Lindsay wurden – wie einige meinen, bewußt – auf Posten gesetzt, die nichts mit Panzerkriegführung zu tun hatten. Generalmajor Hobart war sogar ganz von der Liste der aktiven Offiziere gestrichen und mußte erst wieder aktiviert werden. Brigadegeneral de Gaulle hatte gerade erst damit begonnen, eine völlig neue und deshalb noch gänzlich unerfahrene französische Panzerdivision aufzustellen.

Zugegebenermaßen war es nicht leicht, mit diesen Männern auszukommen. Sie waren verhärtet im Umgang mit althergebrachten Traditionen, deren überholte Regeln dazu zwangen, sie ohne Rücksicht auf persönliche oder andere Konsequenzen zu brechen. Männer, die dem Geiste hergebrachter militärischer Tradition und damit verbundener Privilegien nicht entsprachen oder – so wie Hobart – diese Voraussetzungen erfüllten, aber keine Fortüne hatten, wurden abgelöst. Jene Militärs, die Glück hatten, folgten während des Krieges im Vorfeld des Panzerkrieges ihrem Erfolgsstern.

Geist und Kriegsglück waren 1940 auf der Seite der Deutschen und gaben ihnen die Überlegenheit. Die meisten Panzerkommandeure auf französischer Seite waren ihrer Aufgabe nicht gewachsen, und die zahlenmäßig stark unterlegenen britischen Panzerleute konnten mit einer herausragenden Ausnahme keinen entscheidenden Beitrag leisten.

Zahlenmäßig waren die Alliierten den Deutschen überlegen. Die Qualität der Ausrüstung hielt sich auf beiden Seiten etwa die Waage. In der strategischen und taktischen Anwendung waren die Alliierten allerdings weit unterlegen.

Und die Überlegenheit der deutschen Panzertaktik garantierte den Sieg, bevor die Grenzen des Gegners überhaupt überschritten waren.

JOHN H. BATCHELOR ist technischer Illustrator mit besonderem Interesse für militärisches Gerät aller Epochen. Dies wird schon bei der Betrachtung von Zeichnungen deutlich, die er als Fünfjähriger anfertigte. Als Sammler, Fachmann und Schütze antiker und moderner Feuerwaffen ist ihm immer bewußt, wieviel künstlerisches Können dazugehört, sie anzufertigen. Nach seiner Dienstzeit in der RAF erlernte er die Grundlagen für seinen Beruf in den Abteilungen für technische Publikationen bei der Bristol Aero Company, bei Martin Bakers Ltd. und bei Saunders Roe Ltd.

Die deutschen Panzersoldaten hatten in den britischen Besatzungen ebenbürtige Gegner. Die Unzulänglichkeiten der französischen Typen gaben den Deutschen mit ihrem besseren Zusammenwirken im Gefecht aber einen klaren Vorteil gegenüber den französischen Panzerverbänden. Die schwächeren Panzerstärken der deutschen Kampfpanzer waren der Preis für die anderen Vorteile, die sich gegen die überlegene Kampfkraft einzelner alliierter Typen durchsetzten. Ein ähnlicher Masseneinsatz von Panzern blieb deshalb den Alliierten verwehrt.

Deutschland

Pzkw (Panzerkampfwagen) IV.
75-mm-Kanone im Turm. Nicht stärker gepanzert als die britischen Mark-III-„Cruiser“-Panzer.

Pzkw II.
Leichtes, schnelles Aufklärungsfahrzeug mit 20-mm-Kanone im Turm.

Praga 38 (t).
Ursprünglich tschechisches Fahrzeug. Einer der besten leichten Panzer der Wehrmacht.

Pzkw III.
37-mm-Kanone. Lange Zeit Rückgrat der deutschen Panzerverbände.

Neue Typen des Wüstenkrieges

Im November 1941 traf die zweite Generation der britischen Infanterie- und „Cruiser"-Panzer zusammen mit den leichten amerikanischen Panzern des Typs Stuart auf dem Wüstenkriegsschauplatz ein. In dem Unternehmen *Crusader* waren sie aber nur teilweise erfolgreich. Die Alliierten stellten sich nur sehr langsam und unter hohen Verlusten auf die Kampfführung der deutschen Panzerdivisionen ein. Die Zuverlässigkeit der älteren deutschen Typen machte diese nach wie vor überlegen.

„Cruiser" Mk-6.
Der „Crusader" litt ständig unter technischen Ausfällen. Bewaffnung: eine 40-mm-Kanone und zwei 7,92-mm-Besa-MG; Panzerung: max. 39 mm.

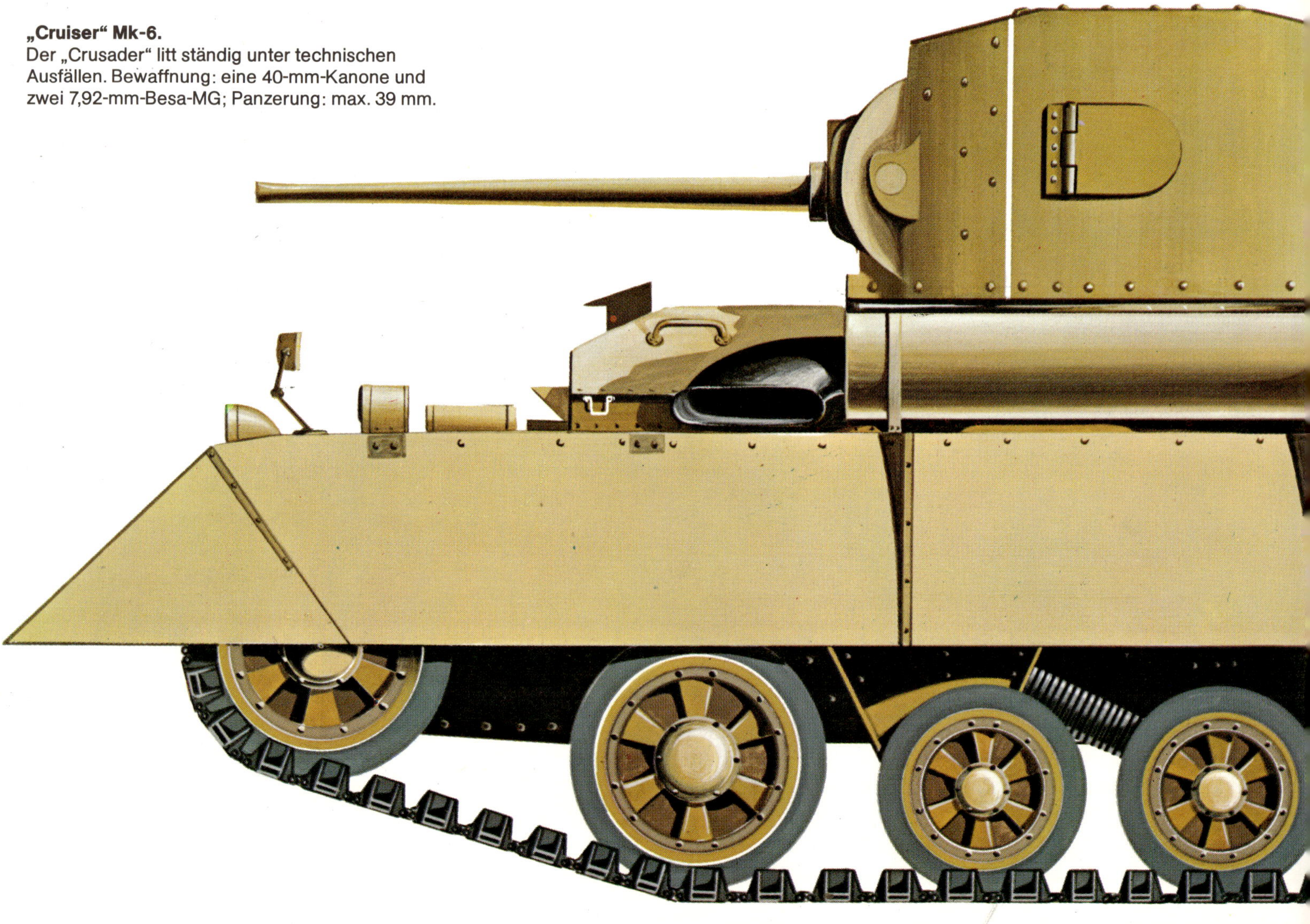

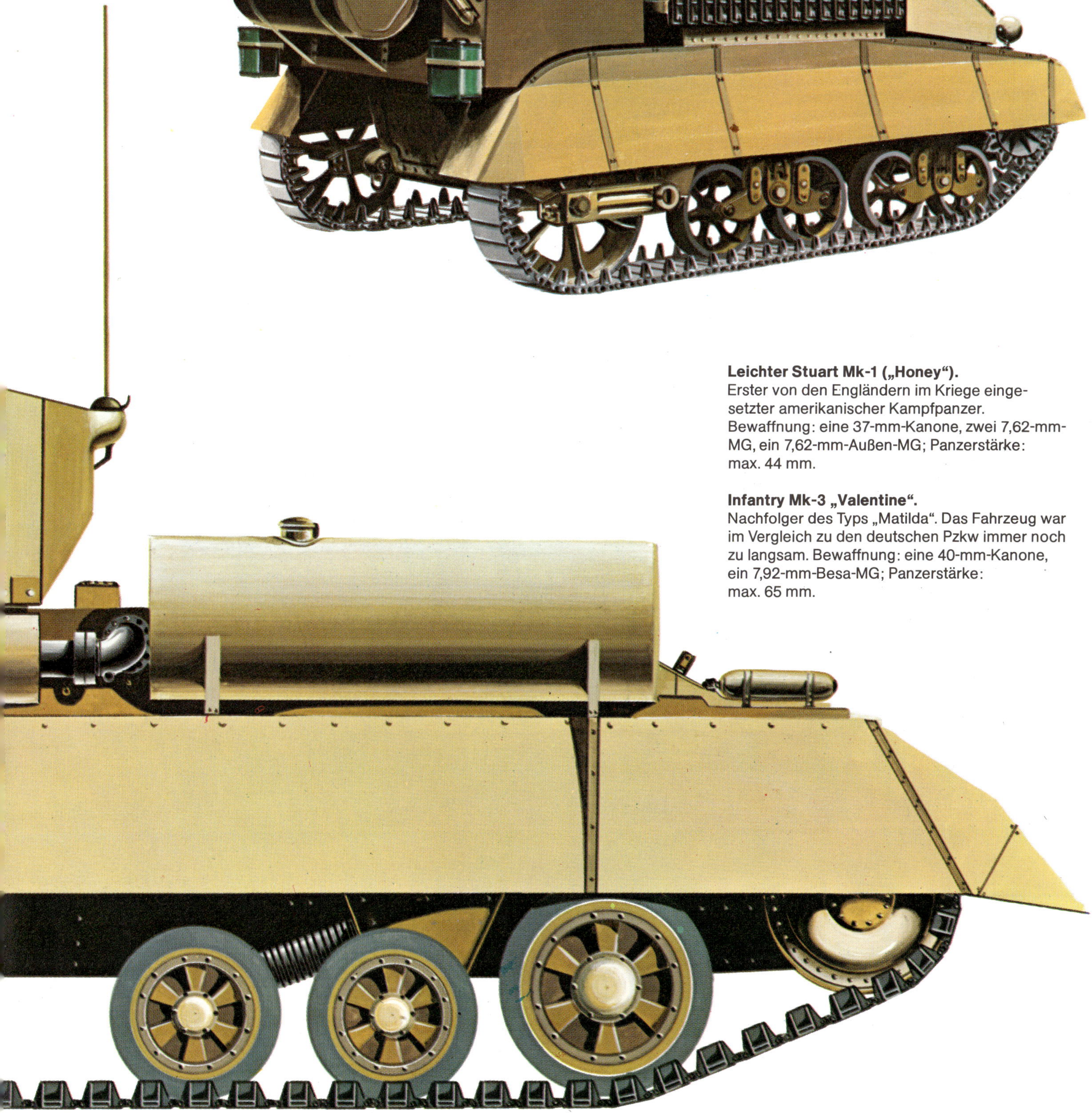

Leichter Stuart Mk-1 („Honey").
Erster von den Engländern im Kriege eingesetzter amerikanischer Kampfpanzer. Bewaffnung: eine 37-mm-Kanone, zwei 7,62-mm-MG, ein 7,62-mm-Außen-MG; Panzerstärke: max. 44 mm.

Infantry Mk-3 „Valentine".
Nachfolger des Typs „Matilda". Das Fahrzeug war im Vergleich zu den deutschen Pzkw immer noch zu langsam. Bewaffnung: eine 40-mm-Kanone, ein 7,92-mm-Besa-MG; Panzerstärke: max. 65 mm.

John Batchelor

ITALIEN

M13/40 (oben): Mittlerer italienischer Standardpanzer während und nach dem „Wavell-Feldzug“. Panzerung: 40 mm; Turmkanone: 47 mm.

Autoblinda 40 (rechts): Mittlerer Panzerspähwagen der italienischen Wüstenstreitkräfte. Turmkanone: 20 mm; MG: 8 mm.

CV3/35 (unten) Gegenstück zum britischen MG-Träger „Bren Gun Carrier“, von dem dieses Fahrzeug abgeleitet wurde. Panzerung: 14 mm; Bewaffnung: zwei 8-mm-MG.

Gepanzerte Fahrzeuge der Wüste

ENGLAND

Infanteriepanzer Mk-II (links): Die „Matilda“-Infanteriepanzer haben die Schlacht um die italienischen Stützpunkte entschieden. Panzerung: 78 mm; Bewaffnung: 40-mm-Kanone im Turm.

„Bren Gun Carrier“ (rechts): Mädchen für alles bei der Infanterie. Panzerung: 11 mm.

Rolls-Royce-Panzerspähwagen (unten rechts). Ein Veteran des Ersten Weltkrieges und daher genauso wertvoll wie die alten Schlachtschiffe der Mittelmeerflotte. Panzerung: 7 mm; MG: 7,7-mm-Browning.

John Batchelor

SPEZIALANFERTIGUNG FÜR KOMMANDOUNTERNEHMEN IN DER WÜSTE.

Chevrolet 1,5-Tonner: Die ersten Fahrzeuge dieser Bauart, die die Grundausrüstung der LRDG-Patrouillen*) darstellten, mußten in Kairo gekauft oder von der ägyptischen Armee erbettelt werden. Es wurde nicht der Versuch einer Standardisierung der Fahrzeugausrüstung unternommen. Jeder Kommandant stattete sein Fahrzeug eigenen Vorstellungen gemäß aus. Wichtig war eine hohe Feuerkraft. Am Anfang waren sie mit Lewis-MG und Boyes-Panzerbüchsen, später mit MG der Typen Browning, Vickers K und Vickers 12,5 mm ausgerüstet. Die ersten Fahrzeuge hatten hinten eine 37-mm-Bofors-Panzerabwehrkanone, die aber oft durch erbeutete italienische 20-mm-Breda-Kanonen ersetzt wurden. Der Normalfahrbereich betrug 1760 km bei einem Verpflegungs- und Wasservorrat für 3 Wochen.

*) LRDG = Long Range Desert Group = Wüstenfernstoßtrupp.

John Batchelor

Der unverwüstliche Jeep
Das beste Transportmittel der Alliierten auf dem Schlachtfeld. Höchstgeschwindigkeit: 105 km; Fahrbereich: 456 km; Benzinverbrauch: 13 Liter/100 km bei einer Nutzlast von 540 kg auf Straßen und 360 kg im Gelände.

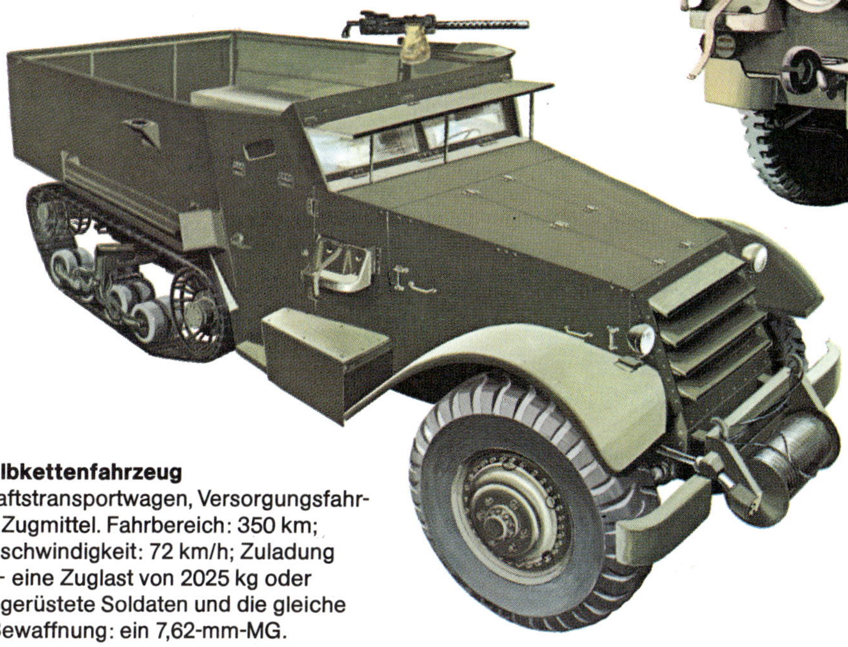

White Halbkettenfahrzeug
Mannschaftstransportwagen, Versorgungsfahrzeug und Zugmittel. Fahrbereich: 350 km; Höchstgeschwindigkeit: 72 km/h; Zuladung 2250 kg + eine Zuglast von 2025 kg oder 10 vollausgerüstete Soldaten und die gleiche Zuglast. Bewaffnung: ein 7,62-mm-MG.

DIE SOWJETISCHE PANZERWAFFE: DEN DEUTSCHEN PANZERN MEHR ALS EBENBÜRTIG!

Die Deutschen neigten lange Zeit dazu, die Entwicklung und Produktion der sowjetischen Panzer zu unterschätzen. Es gab ein jähes Erwachen, als die Wehrmacht auf die neuen Typen T-34 und KW-1 und 2 stieß, deren Existenz noch nicht einmal vermutet worden war. Über Nacht waren die deutschen Panzertypen veraltet. Die neuen sowjetischen Panzer waren nicht nur hervorragende Kampffahrzeuge, sondern ihre einfache Bauweise gewährleistete auch die Durchführung einer Massenproduktion und die Handhabung durch relativ unerfahrene Besatzungen. Solange es sich nur um wenige handelte, die in kleinen Einheiten auftauchten, um die Infanterie zu unterstützen, war die Wehrmacht noch in der Lage, sich aufgrund ihrer überlegenen Taktik zu behaupten. Die Russen vermehrten aber die Zahl ihrer Panzer sehr schnell und wurden erfahrener im Umgang mit ihnen.

T-34
Der wohl herausragendste Panzerkampfwagen des ganzen Krieges. Die Kombination aus günstiger Formgebung der Panzerflächen, schwerer Bewaffnung, hoher Beweglichkeit und hervorragender Geländegängigkeit (aufgrund der breiten Ketten und des günstigen Leistungsgewichtes) führte zu seiner Überlegenheit gegenüber den deutschen Pzkw III und IV. **Gewicht:** 26,3 t; **Fahrbereich auf der Straße:** 400 km; **Panzerung:** Front, Seiten und Heck 45 mm; Turmpanzerung: vorn und hinten 75 mm; **Besatzung:** 4 Mann; **Bewaffnung:** eine 76,2-mm-Kanone, zwei 7,62-mm-MG.

KW-2
Sturmgeschütz-Ausführung des KW-1 mit 152-mm-Haubitze für Artillerie-Unterstützungsaufgaben und drei 7,62-mm-MG. Hat sich wegen seiner großen Bauhöhe und der allgemeinen Schwerfälligkeit des Aufbaus nicht bewährt. **Gewicht:** 52 t; **Panzerstärke:** 110 mm max.; **Besatzung:** 6 Mann.

John Batchelor

KW-1
Erster der neuen, hervorragend bewaffneten, schweren Kampfpanzer der Roten Armee. Besonderes Merkmal: ein MG im Turmheck. **Gewicht:** 43,5 t; **Fahrbereich auf der Straße:** 325 km; **Panzerung:** Front, Seiten und Heck 75 mm, Turmfront und -heck 90 mm; **Besatzung:** 5 Mann; **Bewaffnung:** eine 76,2-mm-Kanone, drei 7,62-mm-MG.

Selbstfahrlafette SU-76
Weit schwächer gepanzert als die deutschen Sturmgeschütze und anders als diese wurde der SU-76 als Unterstützungswaffe in der 2. Linie und nicht als Angriffsfahrzeug eingesetzt. **Besatzung:** 4 Mann; **Panzerung:** 26–35 mm; **Gewicht:** 11 t; **Bewaffnung:** eine 76,2-mm-Kanone, ein 7,62-mm-MG (beides Standardkaliber der Roten Armee).

John Batchelor

Achsenmächte

Neben der Zuführung von einigen Sonderausführungen des Pzkw III (siehe unten) konzentrierten sich die Deutschen hauptsächlich auf die Verbesserung von Gerät, das sich als zuverlässig und einsatzfähig erwiesen hatte. Der am weitesten verbreitete deutsche Panzer war der Pzkw III mit kurzer 5-cm-Kanone und an verschiedenen Stellen aufgenieteten Panzerstahlplatten. Obgleich die Mehrzahl der italienischen Panzereinheiten mit den von den Soldaten als „fahrbare Särge" bezeichneten M 13/40 ausgestattet waren, begann die Zuführung neuer Fahrzeuge wie die unten abgebildete Selbstfahrlafette

Italienische Selbstfahrlafette 75/18 „Semovente". Ein großer Teil des italienischen Materials war während der ersten Kriegsjahre veraltet und kaum für den Wüstenkrieg geeignet. Bis 1942 war die Produktion verbesserter Waffen aufgenommen worden. Die Selbstfahrlafette 75/18 „Semovente" kam Anfang 1942 bei der Division „Ariete" erstmals zum Einsatz. **Gewicht:** 12 t; **Höchstgeschwindigkeit:** 32,5 km/h; **Besatzung:** 4 Mann; **Bewaffnung:** eine 75-mm-Kanone mit einer max. Reichweite von 10 000 m und einer Schußfolge von 4 pro Minute; Höhenrichtbereich: +22,5° bis −11°; Schwenkbereich: 17° links und 20° rechts, ein 6,5-mm-MG.

Pzkw III Sonderausführung: Mitte 1942 erhielt das Afrikakorps eine neue Ausführung des Pzkw III mit einer 5-cm-Kanone mit langem Rohr, ähnlich der leistungsstarken Pak 38, und einer neuen Stirnpanzerplatte. Sie war in einem Abstand von zehn cm vor der Hauptpanzerung angebracht, um den Durchschlagszünder der panzerbrechenden Geschosse zu zerstören und damit ihre Wirkung auf die dahinterliegende Panzerung zu verringern. **Gewicht:** 22 t; **Panzerung:** 57 mm max. und 20 mm Abstandspanzerung; **Geschwindigkeit:** 40 km/h; **Fahrbereich:** 160 km; **Besatzung:** 5 Mann; **Bewaffnung:** eine 5-cm-Kanone mit langem Rohr, zwei 7,9-mm-MG.

Die Alliierten

Die Alliierten nutzten die Ruhe vor der Schlacht von Gazala, um Gerät heranzuführen, das die schwerwiegenden Mängel ausgleichen sollte, die bei den vorangegangenen Kämpfen aufgetreten waren. Diese neuen Waffen standen aber noch nicht in ausreichendem Umfange zur Verfügung. Obwohl einige Typen sich mit den gegnerischen messen konnten, wurden ihre Leistungen durch Mängel an anderen Stellen zunichte gemacht. Hierzu gehörte insbesondere das Versäumnis, einen panzerbrechenden Gefechtskopf zu entwickeln, um die neueren, stärkeren deutschen Panzerungen auf große Entfernungen durchschlagen zu können.

M3 General Grant: Der erste mittlere amerikanische Panzer, den die britischen Streitkräfte erhielten. Seine Einführung wurde mit Begeisterung aufgenommen, weil die britische 8. Armee mit ihm einen Panzer bekam, mit dessen Kanone deutsche Panzer und Panzerabwehrstellungen unter gleichen Bedingungen bekämpft werden konnten. Dabei handelte es sich um einen relativ schnellen, stärker gepanzerten, sehr zuverlässigen Kampfpanzer. Seine Hauptschwäche war die Unterbringung der wichtigen 75-mm-Kanone in einer Kasematte auf einer Seite des Aufbaues und die damit verbundene Beschränkung des Richtbereiches. **Gewicht:** 28,5 t; **Panzerung:** max. 57 mm; **Geschwindigkeit:** 45 km/h auf Straßen; **Fahrbereich:** 175 km; **Besatzung:** 6 Mann; **Bewaffnung:** eine 75-mm-Kanone (Kasematte), eine 37-mm-Kanone (Turm), vier 7,62-mm-MG.

5,7-cm-Panzerabwehrkanone. Die Entwicklung einer schweren Kanone als Ersatz für die 4-cm-Pak wurde schon 1938 begonnen. Die Belastungen der allgemeinen Aufrüstung führten dazu, daß die Erprobung erst nach zwei Jahren aufgenommen wurde. Ihre Einführung wurde nochmals verzögert, als nach Dünkirchen entschieden wurde, die Armee wieder mit der erprobten 4-cm-Kanone auszurüsten. Aus diesem Grunde hatte die 8. Armee Mitte 1942 nur 112 Geschütze dieses neuen Typs. **Bedienung:** 5 Mann; **Gewicht in Feuerstellung:** 1152 kg; **Schußentfernung:** bis 4570 m. Es konnten panzerbrechende Granaten und Sprenggranaten verschossen werden. Letztere waren allerdings nur begrenzt verfügbar.

John Batchelor

Zwei Beherrscher des Wüstenkriegsschauplatzes.

Um entscheidende Durchbrüche zu erzielen, mußte die britische 8. Armee starke Befestigungslinien und Minenfelder der Achsenmächte aufbrechen und räumen. Neue Minenräumfahrzeuge wie der Scorpion spielten deshalb am Anfang eine wichtige Rolle, obwohl das Minenräumen „von Hand" die meistverbreitete und zuverlässigste Methode blieb. Als dann die Panzerschlachten begannen, hatten die Deutschen trotz der alliierten Verstärkungen und Materialüberlegenheit die hervorragendste bewegliche Waffe – ihren Panzerkampfwagen (Pzkw) IV mit seiner überlegenen 7,5-cm-Kanone mit langem Rohr.

Oben: **Scorpion.** Ein Minenräumpanzer auf dem Matilda-Fahrgestell mit zwei zusätzlichen Motoren zum Antrieb der Kettentrommel. Das Fahrzeug fuhr mit einer Geschwindigkeit von 3,2 km/h. Dabei lag die Umdrehungszahl der Kettentrommel bei 72–80 Upm.
Unten: **Pzkw IVG.** *Gewicht:* 24 t; *Besatzung:* 5 Mann; *Geschwindigkeit:* 40 km/h; *Fahrbereich:* 208 km; *Bewaffnung:* eine 7,5-cm-Kampfwagen-Kanone (KwK) 40 (L/43) langes Rohr, zwei 7,62-mm-MG Typ 34.

John Batchelor

Die blutige Niederlage von Dieppe

John Batchelor

CHURCHILL MK 1: Vierter in der Typenreihe der britischen Tanks zur Infanterieunterstützung. Er wurde erstmals beim Landungsunternehmen von Dieppe eingesetzt. Später erwies er sich als erfolgreiche, zuverlässige Konstruktion. Von allen 1942 eingeführten britischen Panzern hatte er die stärkste Panzerung und eine ausreichende Fahrgeschwindigkeit im Gelände, verbunden mit hervorragender Geländegängigkeit. Genau wie seine Vorgänger, Infantry Mark I, Matilda und Valentine, hatte der Churchill aber eine unzureichende Bewaffnung. Sein Unvermögen, Sprenggranaten außer aus seiner Nahunterstützungshaubitze in der Wanne zu verschießen, war eine besondere Schwäche. Dies um so mehr, als nur wenige Fahrzeuge überhaupt mit dieser Haubitze ausgerüstet waren. Die Mehrzahl hatte statt dessen in der Wanne ein 7,92-mm-MG. **Gewicht:** 38,5 t; **Panzerung:** max. 102 mm; **Besatzung:** 5 Mann; **Geschwindigkeit:** 28 km/h; **Fahrbereich:** 160 km. **Bewaffnung:** eine 4-cm-Kanone mit koaxialem MG im Turm, eine 7,62-cm-Haubitze oder ein 7,92-mm-MG in der Wanne.
Unten: Für das Landeunternehmen von Dieppe wurden die Panzer abgedichtet und mit Spezialausrüstungen wie z. B. hochgezogenen Ansaug- und Auspuffrohren versehen, die sie in die Lage versetzten, durch etwa 2,10 m tiefes Wasser an Land zu „waten".

Bablv & Co Ltd

DAS PANZER-

DEUTSCHLAND, FEBRUAR 1943
GEOFFREY JUKES

Während die Russen unbarmherzig ihre Rüstungsindustrie gezielt auf die Produktion weniger, kampfbewährter Typen ausrichteten, benahm man sich in Deutschland so, als ob der Krieg bald vorbei wäre, und schwelgte in einem kaum vorstellbaren Luxus von Forschung und Erprobung. Auf diese Weise wurde lebenswichtige Industriekapazität durch eine Vielfalt von rivalisierenden Entwürfen vertan. Man unterließ es, sich auf einen bestimmten Typ zu konzentrieren, obwohl die meisten deutschen Panzer durch das Auftauchen des sowjetischen T-34 fast veraltet waren. Endlich war Hitler gezwungen, Generaloberst Guderian (unten) zurückzurufen, um die Panzertruppen wieder einigermaßen aufzurüsten. Diese Aufgabe wurde aber durch beruflichen Neid und Ressortrivalitäten erschwert. (Artikel auf der übernächsten Seite.)

Ullstein

Einer von vielen überholten Entwürfen

PANZERSPÄHWAGEN II „LUCHS": Eine leichte Aufklärungsausführung des Pzkw II. Obwohl der Pzkw II bei Ausbruch des Krieges bereits veraltet war, wurde diese Ausführung bis Anfang 1943 weitergebaut und weitverbreitet an der Ostfront eingesetzt. **Gewicht:** 11,8 t; **Panzerung:** max. 30 mm; **Geschwindigkeit:** 64 km/h; **Fahrbereich:** 240 km; **Besatzung:** 4 Mann; **Bewaffnung:** eine 20-mm-Kanone, ein 7,92-mm-MG.

John Batchelor

PROBLEM

Deutschlands neuester schwerer Panzer
PZKW VI TIGER I: Der Entwurf eines schweren Panzers im deutschen Neubauprogramm. Im Vergleich zu anderen während des Krieges im Einsatz stehenden Panzern war der Tiger hervorragend bewaffnet und gepanzert. Er war innen gut ausgelegt. Beim Straßen- oder Bahntransport zur Front wirkte sich jedoch seine Überbreite nachteilig aus. **Gewicht:** 55 t; **Panzerung:** max. 110 mm; **Geschwindigkeit:** 25 km/h; **Fahrbereich:** 100 km; **Besatzung:** 5 Mann; **Bewaffnung:** eine 88-mm-Kanone, zwei 7,92-mm-MG.

Im Kampf unerprobt, aber vielversprechend
PZKW V PANTHER D: Der im deutschen Neubauprogramm entwickelte mittlere Panzer. Die Auslegung des Panther D wurde zuletzt erheblich vom T-34 beeinflußt und beruhte teilweise auf einer Auswertung dieses russischen Panzers. Der Panther D hatte anfänglich unter „Kinderkrankheiten" zu leiden. Die späteren Ausführungen waren aber den alliierten Panzern, einschließlich des T-34, weit überlegen.
Gewicht: 43 t; **Panzerung:** 120 mm max.; **Geschwindigkeit:** 50 km/h; **Fahrbereich:** 160 km; **Besatzung:** 5 Mann; **Bewaffnung:** eine 75-mm-Kanone, zwei 7,92-mm-MG.

Ungeachtet der dringenden Notwendigkeit, den russischen Typen (rechts) etwas Gleichwertiges entgegenzusetzen, wurde die Produktion des Pzkw IV, des brauchbarsten deutschen Panzers, durch zeitraubende Versuche behindert. Deshalb wurden im Oktober 1942 gegenüber etwa 900 T-34 nur 100 Pzkw IV gebaut. Hier Panzer IV auf dem Weg zur Front.

Die Entstehung der Sturmgeschütze. Sturmgeschütze wurden zunächst als Teil der Panzerdivisionen entwickelt. Sie sollten Panzerabwehr und Artillerie-Unterstützung für die vorderen Einheiten sein. Aus der verzweifelten Notwendigkeit heraus, möglichst viele Fahrzeuge mit schwerer Bewaffnung zur Bekämpfung der sowjetischen Panzerübermacht verfügbar zu machen, bestand Hitler darauf, daß ihre Produktion Vorrang vor der der Panzer haben sollte. Sturmgeschütze waren einfacher in der Bauweise als Panzer und deshalb schneller herzustellen. Sie waren im Grunde genommen aber auch von geringerem Kampfwert. Der Schwenkbereich ihrer Rohre war begrenzt, und jedes neue Modell wurde schwerfälliger und unbeweglicher als das vorausgegangene.

Unten links: Panzerjäger I – Die erste deutsche Selbstfahrlafette wurde 1940 eingeführt. Sie war auf ein Pzkw-I-Fahrgestell gebaut. *Gewicht:* 6,4 t; *Besatzung:* 3 Mann; *Geschwindigkeit:* 40 km/h; *Fahrbereich:* 145 km; *Bewaffnung:* eine 47-mm-Kanone.
Unten: StuG-III: Ein niedriges, gedrungenes Sturmgeschütz. Einführung 1940. *Gewicht:* 24 t; *Besatzung:* 4 Mann; *Geschwindigkeit:* 40 km/h; *Fahrbereich:* 105 km; *Bewaffnung:* eine 75-mm-Kanone, ein 7,92-mm-MG.

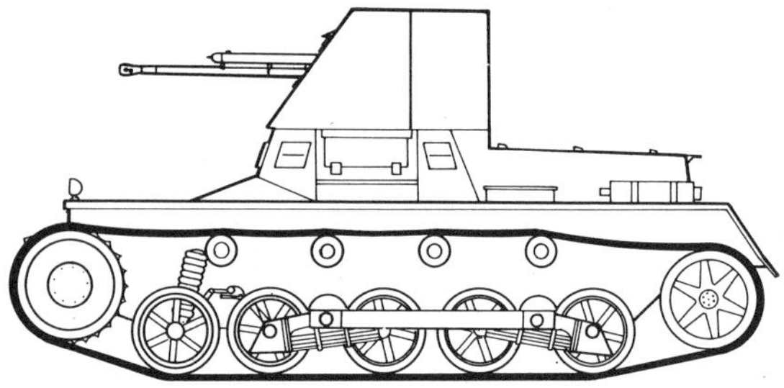

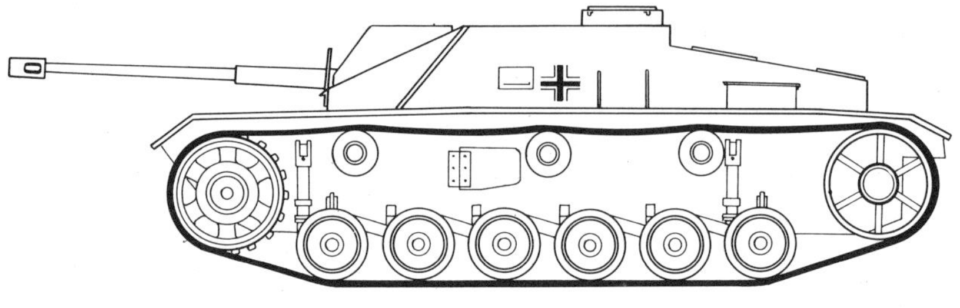

Russischer T-34

Russischer KW-1

Imperial War Museum

Zum Zeitpunkt der Schlacht um Stalingrad existierte die einstmals unbestrittene Überlegenheit der deutschen Panzerwaffe kaum noch. Einer der Hauptgründe hierfür war der mittlere sowjetische Panzer T-34. Dieser Panzer, der zwar mit Ausnahme seines Dieselmotors in keiner Hinsicht von der Konstruktion her revolutionär war, stellte aber die bis dahin bei weitem beste Lösung des Problems dar, Beweglichkeit, Feuerkraft und leichte Wartung unter kriegsmäßigen Bedingungen zu vereinigen. Der T-34 war für die normale deutsche 37- und 50-mm-Pak fast unverwundbar. Im Vergleich mit den beiden deutschen Hauptpanzertypen war er dem Pzkw III in jeder Hinsicht überlegen und dem Pzkw IV – besonders den neueren Modellen – in Hinblick auf die Leistung der Kanone etwa gleichwertig. Er besaß eine 75-mm-Kanone mit hoher Mündungsgeschwindigkeit und stellte die deutschen Panzerkommandeure vor große Probleme. Schon im Herbst 1941 hatten der wohl bekannteste Panzerführer, Generaloberst Guderian, und viele seiner Offiziere als beste Lösung für dieses Problem der Deutschen vorgeschlagen, den T-34 mit wenigen Änderungen nachzubauen. Aus vielerlei Gründen wurde das aber nicht verwirklicht. Verschiedene für den Turm des T-34 verwendete Stahllegierungen waren in Deutschland knapp. Der leistungsstarke, kompakte Aluminium-Dieselmotor war in jenen Tagen genauso eine Neuheit wie die weitverbreitete Anwendung elektrischen Schweißens bei der Montage des T-34. Möglicherweise hat auch die NS-Philosophie vom Herrenmenschen dazu beigetragen, den Nachbau eines Produktes der Konstrukteure Koshkin und Morozow, die als slawische Untermenschen angesehen wurden, zu verhindern.

Während des ganzen Jahres 1942 wurden die Entwicklung und der begrenzte Bau neuer Panzertypen unregelmäßig betrieben. Hitler kümmerte sich persönlich so stark um die Arbeiten auf dem Panzersektor, daß er ständig in Detailentscheidungen eingriff. Von Zeit zu Zeit verlangte er eine Verlagerung aller Bemühungen zum „superschweren“ Panzer von 100 t Gewicht und mehr (er genehmigte sogar die Entwicklung eines 1000-t-„Land-Monitors“). Im Sommer 1942 ordnete er aufgrund der Einflußnahme von Artillerieoffizieren an, einen Großteil der Panzer-Fahrgestellproduktion für Sturmgeschütze bereitzustellen und die Produktion von Panzerkampfwagen gleichzeitig auf 600 monatlich zu steigern.

Die Sturmgeschütze hatten keinen komplizierten Turmmechanismus und keine sonstige Bewaffnung. Diese Mängel wirkten sich bei der Bekämpfung von Panzern nachteilig aus. Sie konnten aber leichter in großen Stückzahlen gebaut werden. Darüber hinaus gelang es, Hitler davon zu überzeugen, daß die gerade entwickelten Hohlladungsgranaten den Vorteil des Panzers gegenüber der Artillerie vermindern würden. Dies gab dem Sturmgeschützprogramm weiteren Auftrieb zum Schaden der Panzerproduktion.

Mitte 1942 war eine verwirrende und vielschichtige Situation entstanden. Im Konstruktions- und Entwicklungsbereich gab es drei Hauptprojekte – einen schweren Panzer (Tiger), eine mittleren (Panther) und einen leichten Aufklärungspanzer (Leopard). Tiger und Panther existierten in zwei konkurrierenden Ausführungen, und es war noch nicht entschieden, welche Ausführung in die Serienfertigung gehen sollte. Das eigenwillige Genie Dr. Porsche (der Konstrukteur des Volkswagens) arbeitete – von Hitler aufgefordert – an der Entwicklung eines 100-t-Panzers. Aus dem bei Krupp entwickelten Tiger wurde der 100 t schwere Ferdinand mit starrer Kanone abgeleitet. Zahlreiche tschechische Panzerfahrgestelle vom Typ 38(t) wurden als Sturmgeschütze mit einer 7,5-cm-Kanone versehen, und der weit verbreitete Panzer Pzkw III erhielt eine Kanone desselben Kalibers. Eine Forderung nach Verbesserung der Panzerung bei Tiger und Panther war bereits gestellt worden, obwohl beide Fahrzeuge noch nicht einmal in Serie gefertigt wurden. Auf der sowjetischen Seite konzentrierte sich fast die gesamte Panzerproduktion auf zwei Haupttypen – den mittleren T-34 und den schweren KW. Die Produktionszahlen waren gegenüber jenen der Deutschen mehr als doppelt so hoch.

Man kann nicht behaupten, daß die Dinge in Deutschland bis Ende 1942 besser wurden. Im August wurde entschieden, eine Studie für den Einbau einer Kanone in den Tiger durchzuführen, die sich bisher am besten gegen den T-34 bewährt hatte. Es handelte sich um die ursprünglich als Flak entwickelte 8,8-cm, die sich als erstaunlich vielseitig erwiesen hatte. Im September fiel die Entscheidung, die Sturmgeschütze durch eine Verstärkung der Frontpanzerung auf 100 mm und die Ausstattung mit einer langrohrigen 7,5-cm-Kanone zu verbessern. Ein Bataillon der Henschel-Ausführung des Tigers wurde an der Front vor Leningrad erprobt. Aufgrund des ungeeigneten Geländes verlief diese Erprobung aber wenig erfolgreich. Trotzdem wurde dieses Fahrzeug jedoch positiv bewertet, wenn auch weitere Verbesserungen notwendig waren.

Diese ganzen unsinnigen Experimente mußten sich auf die Panzerproduktion nachteilig auswirken. Im Oktober wurden zum erstenmal vom wichtigsten deutschen Panzer, dem Pzkw IV, 100 Stück gebaut. Im gleichen Monat rollten aber annähernd neunmal soviel T-34 vom Band. Im November wurde die Fertigung des Tigers von 13 auf 25 monatlich verdoppelt. Anfang Dezember 1942 wurde entschieden, die Fertigung des Pzkw III ganz einzustellen. Das bedeutete aber keine Steigerung der Produktion modernerer Panzertypen, da Hitler anordnete, daß alle frei werdenden Fertigungsstätten auf Fahrgestelle für Sturmgeschütze umgestellt werden sollten.

Das Oberkommando des Heeres (OKH) wurde im Zusammenhang mit den aus der Typenvielfalt und den vielen Änderungen entstehenden Schwierigkeiten bei der Ersatzteilversorgung mit Klagen überschüttet. Für die Kommandeure an der Front war es fast unmöglich, neue Panzer zu bekommen, da die vorhandenen geringen Stückzahlen an die neu aufgestellten Einheiten in Deutschland geliefert wurden. Aus diesem Grunde vermieden sie es auch, ihre beschädigten Fahrzeuge nach Deutschland zur Generalüberholung zu schicken. Sie zogen es vor, sie an Ort und Stelle zu reparieren, da ein notdürftig wieder instandgesetzter Panzer in der Hand für sie mehr Wert besaß als zwei in der Heimat grundüberholte, die man möglicherweise nie wiedersah. Dieses Verfahren führte logischerweise dazu, daß es immer einen hohen Prozentsatz nicht fahrbereiter Fahrzeuge bei den Fronteinheiten gab.

Zu dem ständigen Rückgang der Fahrzeuggüte kamen die im Vergleich zur Roten Armee ständig abnehmenden Stückzahlen. 1940 hatten die Panzerdivisionen eine Sollstärke von 400 in 4 Bataillonen gegliederten Panzern. 1941 war das 4. Bataillon bereits verschwunden. Ende 1942 wurde das 3. Bataillon durch Sturmgeschütze ersetzt, die aus der Sicht der Panzerkommandeure weniger Einsatzwert hatten und darüber hinaus dem Artilleriekommandeur unterstellt waren. Das aber erschwerte die Führung.

Mit dem Anwachsen der sowjetischen Produktion und der zunehmenden Erfahrung der Roten Armee in der schnellen Kriegführung, die bis dahin Monopol der Deut-

Unten: Jagdpanzer 38 (t) „Hetzer“: Ein leichter Panzerjäger, der auf Guderians Wunsch entwickelt wurde. Es war eines der wenigen Selbstfahrgeschütze, die sich mehr auf ihre Beweglichkeit als auf die Stärke des Panzerschutzes abstützten. *Gewicht:* 16 t; *Geschwindigkeit:* 42 km/h; *Fahrbereich:* 170 km; *Besatzung:* 4 Mann; *Bewaffnung:* eine 75-mm-Kanone, ein 7,92-mm-MG.

Rechts: Jagdpanzer Tiger (P) „Elefant“: Ein schwerer, leistungsstarker Panzerjäger, der das andere Extrem deutscher Sturmgeschützentwicklung darstellte. Er wurde 1943 auf dem Fahrgestell des Porsche-Entwurfs für den Tiger entwickelt. *Gewicht:* 68 t; *Geschwindigkeit:* 20 km/h; *Fahrbereich:* 90 km; *Besatzung:* 6 Mann; *Bewaffnung:* eine 88-mm-Kanone, ein 7,92-mm-MG.

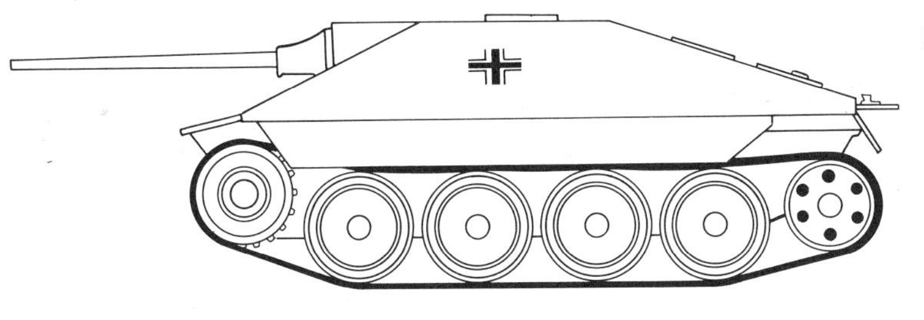

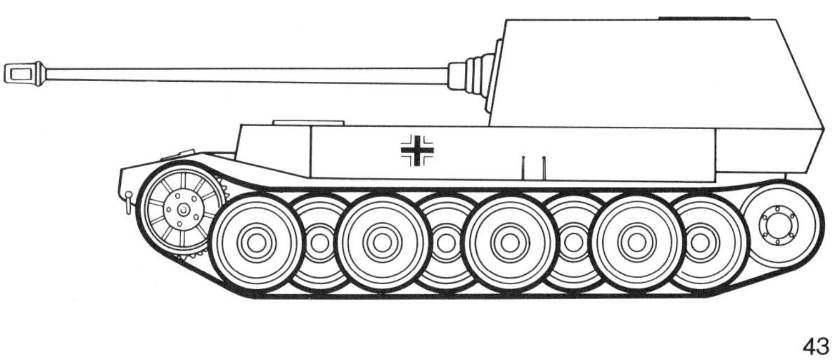

Als Lückenbüßer wurden Selbstfahrgeschütze aus erbeuteten russischen 76,2-mm-Kanonen hergestellt, die auf tschechische 38-(t)-Fahrgestelle montiert wurden.

schen war, und dem Ausbleiben der als Gegengewicht zu den T-34 und KW konzipierten deutschen zweiten Panzergeneration wuchs die Unzufriedenheit bei den Panzerarmeen. Der Generalstab des OKH war sich darüber im klaren, daß man drastische Maßnahmen ergreifen mußte. Das OKH versuchte die bestehenden Mißstände in der Fertigung neuer Panzer dadurch zu beseitigen, daß es Anfang Februar 1943 die Einstellung der gesamten Panzerproduktion mit Ausnahme von Tigern und Panthern forderte.

Diese Forderung aus den Reihen der erfahrenen Offiziere des OKH kann nur als Verzweiflungsakt verstanden werden, zumal der Panther noch nicht in Serie gefertigt wurde. Bis zur Aufnahme seiner Serienfertigung hätte aber die Erfüllung dieser Forderung den monatlichen Ausstoß von Panzern in Deutschland auf die 25 im November des Vorjahres genehmigten Tiger beschränkt. Dies zu einem Zeitpunkt, als sich die monatlichen Produktionszahlen des T-34 auf 1000 Stück zubewegten. Die Kur wäre also schlimmer als die Krankheit gewesen, zumal der Pzkw IV mit erfahrenen Besatzungen noch gute Leistungen erbrachte.

Guderians Rückkehr

Während sich der Zustand der deutschen Panzertruppe ständig verschlechterte, saß ihr Ahnherr, Generaloberst Heinz Guderian, zur Untätigkeit gezwungen in Deutschland. Er und viele seiner Kameraden der Armeegruppe Mitte waren nach der Niederlage vor Moskau im Dezember 1941 von Hitler zu dieser Untätigkeit verdammt worden. Der zunehmenden Unzufriedenheit in der Panzertruppe konnte nur ein Mann aus den eigenen Reihen begegnen, denn das Vertrauen in das OKH war bei der Truppe längst auf einem Tiefpunkt angekommen. Deswegen wurden Hitler einige der Vorkriegsarbeiten Guderians zum Lesen zugespielt – in der Hoffnung, daß er daraus die richtigen Schlüsse ziehen und Guderian wieder in sein Amt einsetzen werde. Tatsächlich kam es so.

Am 17. Februar 1943 wurde Guderian ins Führerhauptquartier Winnitza in der Ukraine befohlen, um dort mit Hitler zusammenzutreffen. Er reiste per Bahn nach Rastenburg, wo er mit Hitlers persönlichem Adjutanten, Oberst Schmundt, zusammentraf, der ihm die Lage erläuterte. Guderian erklärte sich bereit, die Aufgabe zu übernehmen, vorausgesetzt, er würde Hitler direkt und nicht dem OKH oder dem Befehlshaber des Ersatzheeres unterstellt. Weitere Bedingungen waren seine direkte Einflußnahme auf die Entwicklung des Gerätes beim Heereswaffenamt und beim Rüstungsministerium sowie die Ausdehnung seiner Zuständigkeit auf die Panzereinheiten der Luftwaffe und der Waffen-SS, der Panzerschulen und der Panzereinheiten des Ersatzheeres. Noch am gleichen Nachmittag (20. Februar 1943) wurde er zu Hitler befohlen, der ihm das Amt des Generalinspekteurs der Panzertruppen gemäß den mit Schmundt abgesprochenen Bedingungen antrug.

Eine seinen Bedingungen entsprechende Weisung, die am 28. Februar von Hitler unterzeichnet wurde, zeigt, daß es dem neuen Generalinspekteur an Gegnern nicht mangeln sollte. Die in seine Zuständigkeit fallenden Panzerverbände umfaßten ursprünglich auch die Sturmgeschützeinheiten in den Panzer-, Infanterie- und Waffen-SS-Divisionen. Dies war ein sehr wichtiger Gesichtspunkt, da er in unmittelbarem Zusammenhang mit dem Fragenkomplex Sturmgeschütz- und Panzerproduktion, Anzahl und Aufgabe der Sturmgeschützeinheiten und ihre Einsatzunterstellung stand. Aufgrund der Tatsache, daß sie der Artillerieführung zugeordnet blieben, bestand die Neigung, die Sturmgeschützeinheiten den Infanterie- und Waffen-SS-Divisionen zuzuteilen, da sie dort mehr Freiheit bezüglich ihres Einsatzes hatten, als dies in den eng integrierten Panzerdivisionen der Fall war. Dies führte dazu, daß die Sturmgeschützabteilungen der Panzerdivisionen oft bedenklich unter der Sollstärke lagen, ein Faktor, der zu dem Vertrauensabfall in der Panzertruppe beigetragen hatte.

Im Text der Weisung wurde von unbekannter Hand das Wort „schwere" vor „Sturmgeschütze" gesetzt, und dadurch wurden etwa 90% aller Sturmgeschütze der Kontrolle Guderians entzogen. Alle seine Versuche, dies wieder zu ändern, waren vergeblich, und die Sturmgeschütze blieben ein Teil der Artillerie. Trotz alledem war man aber einen wichtigen Schritt auf dem Wege, das Selbstvertrauen der Panzertruppe zurückzugewinnen, vorangekommen. Von jetzt an hatte sie einen Fürsprecher im Oberkommando, der Verständnis für ihre Schwierigkeiten hatte. Eine einheitliche Ausrichtung sollte das Chaos ablösen, das bis jetzt in dem Panzerprogramm geherrscht hatte. Begeisterte „Nurtechniker" wie Dr. Porsche würden es in Zukunft schwerer haben, ihre Vorstellungen von superschweren Panzern an den Mann zu bringen. Die technischen Spielereien an Projekten, die für die Massenherstellung nicht geeignet waren, wurden eingeschränkt. Zusammen mit der Nachfolge des bei einem Flugzeugabsturz tödlich verunglückten Reichsministers für Rüstung, Dr. Fritz Todt, durch den sehr fähigen Albert Speer Ende 1942 sollte Guderians Neuberufung der Anfang einer neuen Epoche für die Ausrüstung der wichtigsten deutschen Waffengattung mit dem von ihr benötigten „Handwerkszeug" sein.

Größte Panzerschlacht aller Zeiten

Die Offensive bei Kursk, die gerade geplant wurde, sollte die größte Panzerschlacht aller Zeiten werden und Forderungen an die Panzer stellen, denen sie bis jetzt selbst in den härtesten Feldzügen nicht ausgesetzt worden waren. Es war höchste Zeit, daß man sich um die Probleme der Panzerwaffe kümmerte, da sie bald vor ihrer größten Bewährungsprobe stand. Der Angriff auf den Kursker Bogen sollte Anfang Juni beginnen, wenn bis dahin genügend Panther und Tiger aus der Fertigung bereitständen. Der Tiger hatte sich bereits in der letzten Gegenoffensive am Donez bewährt. Der Panther war noch völlig unerprobt, versprach aber gut zu sein.

Guderian war gegen *jede* große Offensive im Jahre 1943. Sein Ziel war es, die Panzerdivisionen wieder auf ihre ursprüngliche Sollstärke von je 400 Panzern zu bringen, um sie in die Lage zu versetzen, 1944 Großangriffe mit guten Erfolgsaussichten durchzuführen. Er wurde aber überstimmt. Trotzdem versuchte er alles, um den Erfolg der bevorstehenden Operation sicherzustellen. Das Rennen zwischen den deutschen Planern und den sowjetischen Verteidigern des Kursker Bogens hatte begonnen. Wenn Guderian dieses Rennen für die deutsche Panzerwaffe nicht gewinnen konnte, dann war keiner dazu imstande.

Ein neuer Panther D verläßt, gefolgt von einem Tiger I, ein Werk. Die Entwicklung dieser Panzer, die dem T-34 gewachsen waren, wurde viel zu langsam und nicht gezielt genug betrieben. Wegen der ständigen Forderung nach Sturmgeschützen war ihre Produktion zu gering.

Amerikanische Armeefahrzeuge waren typische Erzeugnisse der Kriegsproduktion einer großen Nation. Sie waren robust, leistungsfähig und wurden in riesigen Stückzahlen produziert. Der allgegenwärtige Jeep war das bekannteste leichte Transportfahrzeug der USA. Er erwarb sich den fast legendären Ruf, mit allen Bedingungen fertig zu werden. In dem Schlamm in Italien wurde dieser Ruf bis zum letzten strapaziert, und selbst die Kettenfahrzeuge verwandelten die von Granaten aufgewühlte Erde zu einem undurchdringlichen Sumpf. Für die westlichen Alliierten blieb der Sherman seit El Alamein der schwere Panzer. Er war zweifellos eine der besten Waffen des Krieges bei den westlichen Alliierten.

Die alliierte Dampfwalze
Nach den Panzertypen Grant und Lee, die bei der britischen 8. Armee Hervorragendes geleistet haben, wurde der Sherman zum Hauptkampfpanzer der Amerikaner und für das Empire. Seine Massenauslieferung an die alliierten Armeen in Nordafrika und Südeuropa war das Ergebnis einer nie vorher dagewesenen Produktionsleistung. 1941 lieferten amerikanische Fabriken 14 000 Shermans aus, und im Jahre 1943 stieg diese Zahl auf 21 000. Diese Zahlen, ergänzt durch die technische Zuverlässigkeit, gaben dem Sherman ein bemerkenswertes Gegengewicht zu der deutschen Kaliber- und Panzerungsüberlegenheit. Neben der soliden Panzerung und der hervorragenden Bewaffnung war das hervorstechendste Merkmal dieses Typs sein aus fünf Lastwagenmotoren gebauter Chrysler-Motor.
Höchstgeschwindigkeit: 37 km/h; *Fahrbereich:* 130 km; *Besatzung:* 5 Mann; *Gewicht:* 33 t; *Motor:* Chrysler Modell A 57 (30 Zylinder, 468 PS); *Bewaffnung:* eine 75-mm-M3-Kanone, ein 7,62-mm-MG in der Wanne, ein 12,7-mm-MG auf dem Turm.

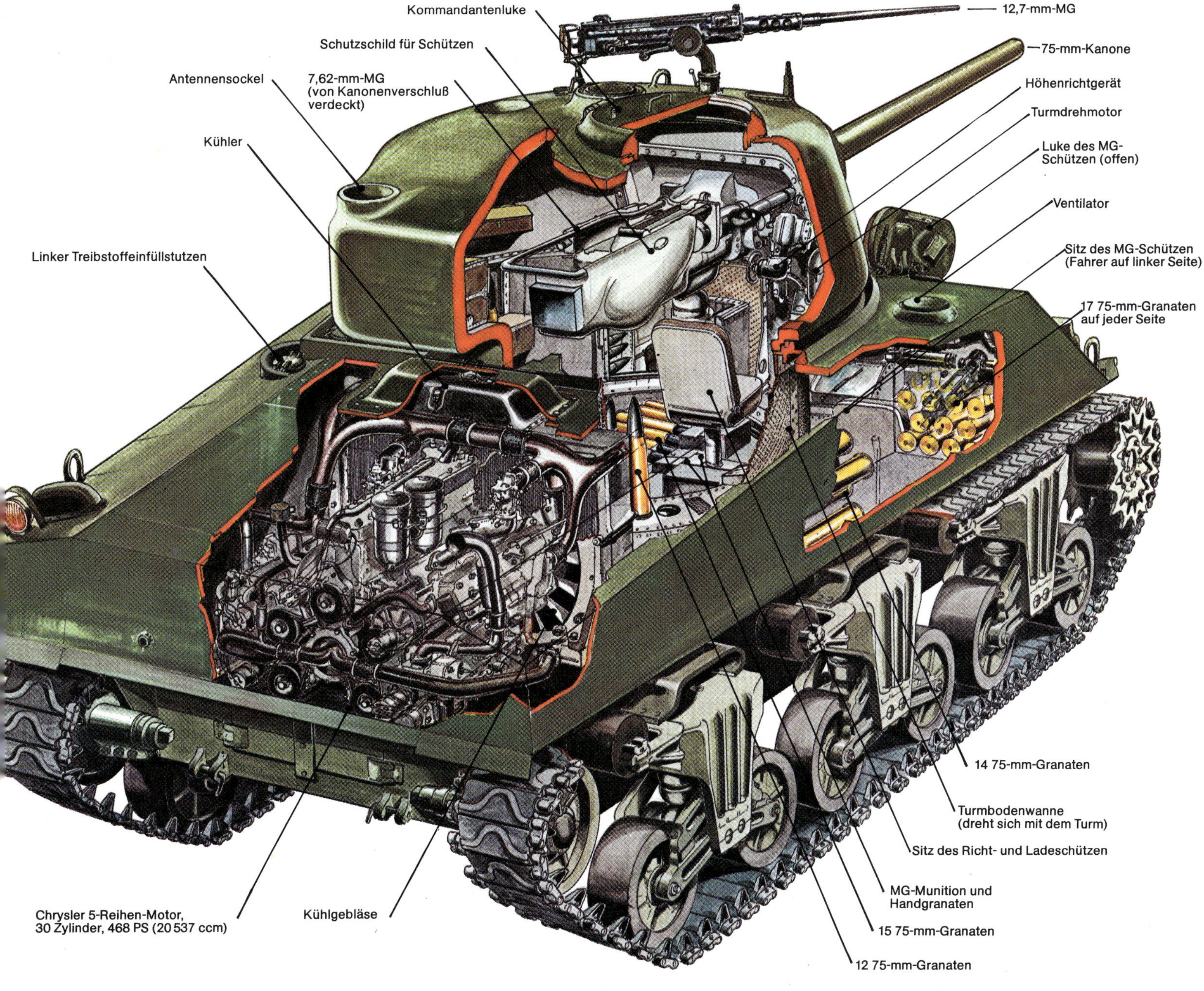

Bereitstellung für den Tag „D“.

GLEICHGEWICHT DER PANZER

Major K.J. Macksey

In der Panzerkriegführung war seit Mai 1940, als die deutsche Panzerwaffe ihrem Gegenstück auf alliierter Seite schwere Niederlagen zufügte, viel geschehen. Neue Konzepte, neue Waffen, neue Führer waren auf beiden Seiten erschienen. Erst das Aufeinandertreffen in der Normandie sollte beweisen, wer der Überlegene war. Major Macksey untersucht die Panzerkräfte beider Seiten und erklärt, wie die sogenannten „Funnies" dazu beitrugen, das Gleichgewicht zugunsten der Alliierten zu beeinflussen.

Seit dem Tage, an dem die deutsche Wehrmacht im Mai 1940 nach Frankreich und in die Benelux-Staaten einmarschierte, verschob sich das Gleichgewicht der Panzer – als gemeinsamer Faktor in einem von Kampfpanzern und Flugzeugen beherrschten Krieg – ständig zugunsten Deutschlands, weil hier die Einsatzweise jener der Alliierten überlegen war. Es ist bekannt, daß Frankreich und England zusammen mehr – und in vieler Hinsicht bessere – Panzer als Deutschland besaßen. Aber nur die Deutschen hatten echte Kampferfahrung mit Panzern aus den Einsätzen in Spanien und Polen und ein größeres Vertrauen in deren Leistungsfähigkeit.

Nach diesem dürren Sommer wirkte sich die Hitze der Gefechte noch mehr auf die Kriegführung aus. In der Glut der Erfahrung und des Einfallsreichtums wurden neue Techniken geformt und geschmiedet. Man kann aber feststellen, daß der Ablauf auf dem Gefechtsfeld von der Geschwindigkeit der Kettenfahrzeuge und der Schlachtausgang von dem Panzerschutz in Relation zur Feuerkraft entschieden wurden. Ausschlaggebend waren dabei das Können und die Tapferkeit der Kämpfenden. Als die gesamte französische Panzerstreitmacht und das gesamte Industriepotential Frankreichs in deutsche Hände fiel, ging die zahlenmäßige Überlegenheit an die Sieger. Danach waren die Alliierten trotz der Verstärkung durch Rußland und die USA gezwungen, durch ungewöhnliche Maßnahmen qualitativ und quantitativ nachzuziehen.

Nach 1939 war Kampferfahrung Voraussetzung für die Verbesserung der Panzertechnologie. Die Engländer lernten durch die Praxis in der Wüste und in Südeuropa. Die Amerikaner studierten beide Seiten, als sie den Kern ihrer Panzerwaffe schufen. Die Deutschen waren bemüht, ihren Vorsprung auszubauen. Die stärksten Impulse für die Panzerentwicklung sollten aber – trotz der vernichtenden Verluste des Sommers 1941 – aus der wiedererstehenden russischen Panzerwaffe kommen. Die Russen hatten in den 30er Jahren eine starke Panzertruppe aufgebaut. Sie war mit einfachen, robusten Fahrzeugen ausgestattet, die sehr gut für die meistens vom Land stammenden Besatzungen und das rauhe, schwierige Gelände und Klima der Steppen geeignet waren. Die Qualität dieser Panzerwaffe (allerdings nicht die Art ihres Einsatzes) war es, die die Deutschen dazu veranlaßte, im industriellen Bereich und auf dem Gebiet der Entwicklung fast panische Maßnahmen zu ergreifen, nachdem man erkannte, daß die Rote Armee ein unerwartet großes technisches Potential besaß.

1931 warben die Russen den brillanten, aber etwas unbeholfenen amerikanischen Erfinder J. Walter Christie an, mit dessen Hilfe der Stamm der Bystrokhodye- (schnell) oder „BT"-Panzer entwickelt wurde, dessen stärkster Abkömmling der T-34 werden sollte. Dieser Panzer war in seiner Ausführung des Jahres 1941 mit einer 76-mm-Kanone bzw. nach 1943 mit einer 85-mm-Kanone eines der besten jemals gebauten Kampffahrzeuge. Seine geneigten Panzerflächen, die unkomplizierte Bewaffnung und seine zuverlässigen Antriebsteile wurden auch durch die primitive und einfache Bauweise nicht nachteilig beeinflußt. Als Ergänzung der schweren Panzertypen KW trug der T-34, nachdem er nach 1941 in großen Stückzahlen vom Band lief, erheblich dazu bei, daß die Sowjets gegenüber den Deutschen ein technisches Gleichgewicht erzielten.

Die Russen waren darüber hinaus von Anfang an bestrebt, einen technischen Vorsprung zu erzielen. Um dies zu erreichen, forcierten sie mit allen Mitteln die Verbesserungsprogramme der Bewaffnung und Panzerung ihrer schweren, erprobten Panzertypen. Der Bau der leichten Typen wurde eingestellt. In zunehmender Zahl wurden Sturmgeschütze mit neueren, leistungsstärkeren Geschützen, als sie in den bereits verwendeten Panzern mit Drehturm vorhanden waren, eingeführt. Kurz gesagt, die Russen räumten der Notwendigkeit, die Wehrmacht artilleristisch zu übertreffen, höchsten Vorrang ein, ohne die Forderung nach zahlenmäßiger Überlegenheit zu vernachlässigen. Angeblich wurden in der UdSSR in jedem der drei letzten Kriegsjahre 30000 Panzer, Sturmgeschütze und Panzerspähwagen gebaut. Wenn man die 11000 von den Alliierten an Rußland gelieferten Panzer dazurechnet, dann nimmt sich die höchste in Deutschland im Jahre 1944 erreichte Produktionszahl von 19000 gepanzerten Fahrzeugen geradezu bescheiden aus.

Auf deutscher Seite war man gezwungen, die Masse der Panzerwaffe an der Ostfront einzusetzen, um die Russen in Schach zu halten, die ihre Panzer so massiert wie die Infanterie mit stärkster Artillerieunterstützung einsetzten. An der Westfront, insbesondere in Frankreich und Belgien (dem klassischen Panzergelände), mußten die deutschen Panzerverbände über den Rahmen des Erträglichen hinaus verringert werden. Deshalb mußten an die Leistungsfähigkeit der Panzer und der Besatzungen hier Höchstforderungen gestellt werden, um den zahlenmäßigen Mangel auszugleichen und damit überhaupt eine Überlebenschance zu haben. Nach der Schlacht von Stalingrad war die Panzerwaffe zahlenmäßig auf ihrem Tiefpunkt angelangt, und auch ihre Qualität nahm ab.

„Der alte Rebell", Heinz Guderian, wurde wieder geholt und von Hitler zum Generalinspekteur der Panzertruppen ernannt. Aufgrund einer von Guderian selbst konzipierten Weisung erhielt er Befugnisse über die Panzerverbände und ihre Ausbildung. In seinen Verantwortungsbereich fiel auch die Festlegung der Forderungen für technische Entwicklungen und die Produktion in Zusammenarbeit mit dem neuen Reichsminister für Rüstung, Albert Speer. Guderian hatte sich das Ziel gesetzt, die Panzerwaffe wieder zu einem entscheidenden Instrument zu machen, mit dem der Krieg zu gewinnen war. Es war bittere Ironie, daß 1943 in Deutschland derartige Überlegungen nötig waren. Seine Befehlsgewalt war sehr weit ausgedehnt, da die Panzertruppen alle Teile der Panzerdivisionen einschließlich der Infanterie- und Panzerabwehreinheiten umfaßten. Nicht eingeschlossen waren indessen die Sturmgeschützeinheiten, die nach harten Auseinandersetzungen der Artillerietruppe unterstellt blieben.

Neben intensiven Anstrengungen, den Ausbildungsstand anzuheben, begann Guderian mit der vollen Unterstützung Speers die Kampffahrzeugproduktion zu rationalisieren, indem er die Riesenpanzerprojekte (ein Vorschlag sah sogar einen 1500-t-Panzer vor) absetzte. Er forderte die sofortige, kurzfristige Steigerung der Produktion vorhandener Fahrzeugtypen mit verbesserter Panzerung und leistungsstärkeren Geschützen. Dabei konzentrierte er sich auch auf die Verbesserung neuer, eben erst zur Einführung gelangender Typen. Speer beschleunigte die Fertigung durch eine vollkommene Zentralisierung der Steuerung, um sich auf besonders wichtige Vorhaben konzentrieren zu können. Er baute auch die schädliche Praxis ab, daß die Teilstreitkräfte direkt mit ihren „eigenen" Herstellern verhandeln konnten. Nur die SS konnte sich Speers Netz in erheblichem Umfange entziehen, da ihre Panzerdivisionen völlig andere Unterstellungsverhältnisse hatten und teilweise direkt den Weisungen Hitlers unterlagen.

Deutschland: Eine neue Panzergeneration

Seit 1941 wurden die beiden ursprünglichen Typen Pzkw III und IV ständig mit moderneren, leistungsstärkeren Geschützen ausgerüstet. Wie sehr man daran schon bei der ursprünglichen Entwicklung gedacht hatte, wird deutlich, wenn man bedenkt, daß für die größeren Kanonen ausreichend Raum vorhanden war, um ihre stärkeren Rückstoßkräfte abzufangen. Noch größere Kaliber wurden in die Sturmgeschütze auf den Fahrgestellen der Pzkw III und IV eingebaut. Dadurch entstand eine wertvolle gepanzerte Panzerabwehrwaffe, die als Verteidigungsdrehscheibe diente, um die herum die beweglicheren Panzer eingesetzt wurden.

Die höchste Dringlichkeit wurde darauf verwendet, die neuen Tiger- und Panther-Panzer an die Front zu bringen, da selbst die auf neuesten Stand gebrachten Pzkw IV einen schweren Stand gegen die modernsten russischen Panzer hatten und noch nicht abzusehen war, was Engländer und Amerikaner „enthüllen" würden. Ironischerweise hatte das gleiche deutsche Oberkommando, das seine größten Siege durch die Panzerwaffe errungen hatte, es zur Zeit dieser Erfolge versäumt, sich um die neue Generation von Kampffahrzeugen zu kümmern. Tiger und Panther waren bereits beide vor 1940 konzipiert. Die Projekte wurden aber mit so geringer Dringlichkeit behandelt, daß der schwere Panzer Tiger I erst 1941 in die Erprobung kam und der mittlere Panzer Panther die Prototypenreife nicht vor März 1942 erreichte. Nachdem die Bedrohung durch den T-34 auftrat, wurden die Arbeiten beschleunigt, und die Auslieferung des Tiger I E mit der 8,8-cm-Kanone an die Frontverbände lief im September 1942 an. Der Panther mit langer 7,5-cm-Kanone wurde Anfang 1943 eingeführt. Trotz der materiellen Überlegenheit beider Typen gegenüber allen anderen am Krieg beteiligten Panzerfahrzeugen führte die große Hetze, mit der die Entwicklung und die Produktion betrieben wurden, zu ständigen technischen Mängeln. Sie wiederum führten dazu, daß beim deutschen Rückzug unbeschädigte Fahrzeuge in alliierte Hände fielen.

Bis Juni 1944 waren die deutschen Panzerverbände an der Westfront in ihrer Stärke und Kampfkraft wieder soweit hergestellt, daß zehn Panzerdivisionen (verschiedener Gliederung und Zusammensetzung) mit einer Mischung aus Pzkw IV und Panther in Reichweite der Invasionsküsten bereitgestellt werden konnten. Zusätzlich war eine Panzergrenadierdivision bereitgestellt, deren Panzerkräfte aus 45 Sturmgeschützen und mehreren schweren Bataillonen bestanden, die mit Tigern und Jagdpanthern ausgerüstet waren und die zusätzlich Selbstfahrlafetten verschiedener Typen auf alten französischen und tschechischen Panzerfahrgestellen besaß. Gerade erschienen auch die ersten wenigen kampfstarken Tiger II „Königstiger" mit der langen 8,8-cm-Kanone. Danach hing die weitere Verstärkung dieser Einheiten davon ab, in welchem Umfange Gerät von den anderen Fronten abgezogen werden konnte. Die direkte Verfügbarkeit von Reserven an der Front hing teilweise von den Maßnahmen der Feldmarschälle von Rundstedt und Rommel und zum anderen Teil von den Weisungen Hitlers aus seinem fernen Hauptquartier ab. Häufig drohte aber der durch die Bombenangriffe der Alliierten oder durch Aktionen der „Résistance" verursachte Schaden die Dinge mehr zu beeinflussen als die Entscheidungen der eigenen Kommandostellen. Guderians Wiedereinsetzung als Chef der Panzertruppe hatte aber bezüglich der Besatzungsausbildung und der Kampfmoral fast Wunder vollbracht. Es blieb abzuwarten, ob auf die Dauer Qualität Quantität zu schlagen vermochte.

England: Verzweiflung nach Dünkirchen

Die zahlenmäßige Überlegenheit der Briten und Amerikaner an Panzern zu schaffen, war für deren Industrie wahrlich keine leichte Aufgabe. Man muß bedenken, daß England nach Dünkirchen nur 200 einsatzbereite Panzer hatte und die Amerikaner kaum einen Panzer besaßen, der diesen Namen verdiente. Was die englische Industrie 1940 herstellte, mußte ohne Rücksicht auf Qualität sofort an die Truppe ausgeliefert werden, um das bei Dünkirchen gerettete englische Expeditionsheer neu zu bewaffnen. Churchill bestand darauf, daß zunächst alle Forschungs- und Entwicklungsarbeiten eingestellt wurden, damit man sich mit aller Kraft auf die Produktion konzentrieren konnte. So wurden alle Panzertypen, die schon gebaut wurden oder kurz vor der Aufnahme der Fertigung standen, wie Matilda, Valentine, Cruisers IV, V, VI und der neue schwere Churchill, die alle mit der veralteten 40-mm-Kanone bewaffnet waren, in zunehmenden Stückzahlen gefertigt, während die nächste Kampfwagen-Generation zunächst nicht vollendet wurde.

Zur allgemeinen Verwirrung trug der völlig veraltete Aufbau der britischen Nachschuborganisation für Panzer bei. Einen Monat vor Kriegsausbruch wurden die wenigen Panzerexperten des Kriegsministeriums dem neuen Versorgungsministerium unterstellt und das Kriegsministerium so seiner brauchbaren Ratgeber beraubt. Ein rein politisch ausgerichteter Panzerausschuß war gebildet worden, um alle Panzerangelegenheiten in – wie man glaubte – „richtige" Bahnen zu lenken. Dieser Ausschuß litt aber an einem Mangel an Verantwortungsfreude und Durchsetzungsvermögen. Das führte zu einer Flut von Umbesetzungen und Rücktritten. In seiner Aufgabe versagte er. Der letzte einer Reihe großer Panzerexperten Englands, Generalmajor Hobart, war in der Wüste von den Generälen Wilson und Wavell als Kommandeur der 7. Panzerdivision seines Postens enthoben worden, weil Wilson „kein Vertrauen" in die Art der Führung durch Hobart hatte. Als Guderian im Mai 1940 die Richtigkeit der Thesen Hobarts bewies, wurde dieser gerade zum Unteroffizier in der Heimwehr befördert. Im August des gleichen Jahres war er aber bereits wieder auf dem Weg nach oben. In Zusammenarbeit mit General Pile (einem anderen Panzerfachmann, der nun das Flak-Kommando befehligte) hatte er einen Plan für eine neue Panzerarmee erarbeitet, der sich auf ein Grunddokument abstützte, das mit dem mehr als zwei Jahre später von Guderian geschriebenen erstaunliche Ähnlichkeit hatte.

Auf Drängen Churchills wurde Hobart reaktiviert und nach außen hin mit der Aufstellung einer neuen Panzerdivision, in erster Linie aber mit der Ausbildung aller Panzerverbände beauftragt. Weder der damalige englische Generalstabschef, General Dill, noch der Befehlshaber der Heimatverbände, General Brooke, sahen sich in der Lage, den gesamten Plan Hobarts zu akzeptieren. Deshalb erhielt Hobart seine Panzerdivision, und General Martell, ein weiterer Pionier der ersten Zeit, übernahm die verwässerte Ausbildungsaufgabe ohne festgelegte Weisungen. Während der nächsten beiden Jahre ist die Geschichte der britischen Niederlagen vielfach eine Folge der mittelmäßigen Handhabung unterlegener Fahrzeuge durch Offiziere und Mannschaften gewesen, deren Mut allein Ausgleich für die anderen Fehler sein mußte.

Die Panzerfertigung stieg. Ziel war die Aufstellung von zehn Panzerdivisionen mit je annähernd 400 Panzern. Das Beharren des Vorkriegsgeneralstabes auf seinen Ansichten, wonach eine große Anzahl langsamer, schwer gepanzerter Fahrzeuge zur Infanterieunterstützung gebraucht würde, um eine infanterieorientierte Armee zu führen, führte nun zu einem zahlenmäßigen Mangel an schnellen Cruiser-Tanks, wie sie für die Panzerdivisionen gebraucht wurden. Dieser Mangel konnte erst später durch Lieferungen aus den USA ausgeglichen werden. In der Zwischenzeit mußten die Infanteriepanzer die Lücken in den Panzerdivisionen füllen. Zusätzlich ergaben sich bei der Folgegeneration der Cruiser-Panzer, dem Mark III „Centaur", technische Schwierigkeiten. Da die Spezifikationen und Produktionstermine des „Centaur" nicht eingehalten werden konnten, wurde er von dem verbesserten Mark VIII „Cromwell" abgelöst, noch bevor er zum Einsatz kam. Als der „Cromwell" endlich 1944 ausgeliefert wurde, war er in Hinblick auf seine Kanone schon unterlegen und es war nicht möglich, ihn mit einem leistungsstärkeren Geschütz als der vergleichsweise leistungsschwachen 57-mm- oder 75-mm-Kanone auszustatten.

Geschütze gegen Geschwindigkeit

Eine mangelhafte Geschützausstattung war fast die Regel. Die Ursache hierfür lag in der früheren, niemals bewiesenen Behauptung, daß die Bewaffnung des Panzers in der Rangfolge der Wichtigkeit erst nach der Beweglichkeit und Panzerung kam. Man ging davon aus, daß die dem Panzer fehlende hohe Feuerkraft durch die Feldartillerie ausgeglichen werden könnte. Diese Theorie mußte sofort nach den ersten größeren Panzerschlachten revidiert werden, als man feststellte, daß Panzer in einem schnell ablaufenden Gefecht in der Lage sein mußten, selbst nach kurzer Zeit unterstützend zu wirken. Die langsamere Einsatzmethodik der Artillerie war dieser Aufgabe nicht gewachsen. Die trotz dieser Erkenntnis feststellbaren Verzögerungen bei der Produktion und der Ausstattung mit 57-mm- und 75-mm- (später 76,2-mm-)Geschützen waren auf das mangelnde Einvernehmen zwischen Kriegsministerium und Versorgungsministerium zurückzuführen. Ersteres verstand es nicht, die Forderungen ausreichend klar zu formulieren. Dies führte dazu, daß die Truppe mit dem ausgerüstet wurde, was dem Versorgungsminister für Soldaten geeignet erschien. So war beispielsweise die Empörung vollkommen, als das Versorgungsministerium 1942 behauptete, daß es unmöglich sei, die 76,2-mm-Kanone in den Sherman einzubauen. Es überließ dem Kriegsministerium 1943, das Gegenteil zu beweisen und die Umrüstung gegen alle Vorschriften gerade noch vor dem 6. Juni durchzusetzen.

Aufgrund neuer Gedanken und der Forderungen der Frontsoldaten wurden die britischen Panzertruppen fast jedes Jahr einmal umorganisiert. Der Ruf nach mehr Panzerdivisionen anstelle von Infanteriedivisionen führte 1941 dazu, daß zahlreiche Infanteriebataillone (einschließlich der Gardeeinheiten) zu Panzereinheiten umgerüstet wurden. Dies war ein Eingeständnis der falschen englischen Vorkriegsrichtlinien, die auf der strikten Einhaltung strenger Regimentstraditionen in einer sich wandelnden Welt bestanden hatten. Die Anpassung der Infanteristen an die völlig neuen Denk- und Kampfweisen konnte aber mindestens ein Jahr dauern. Als dann endlich 1942 diese Umstellungen Fortschritte machten, wurde eine neue Entscheidung getroffen. Sie hatte zur Folge, daß der Bestand an Panzern bei den Panzerdivisionen halbiert wurde (Ersatz erfolgte durch motorisierte Infanterie). Die frei werdenden Panzer wurden zur Aufstellung unabhängiger Brigaden verwendet, die zur Unterstützung der Infanterieverbände dienen sollten. Diese Maßnahmen führten zu großer Verwirrung. Auf diese Weise wurde die britische Panzerwaffe durch jährliche Verpflanzungen vermehrt – Opfer des Wankelmutes und der Launen einer Hierarchie, die es nie fertiggebracht hatte, ein Konzept zukünftiger Strategien zu entwickeln.

Zum Zeitpunkt der Invasion bestanden die Panzertruppen der britischen Armee mit ihrem großen kanadischen Teil und der 1. polnischen Panzerdivision aus 5 Panzerdivisionen, 8 selbständigen Panzerbrigaden und einigen Spezialpanzereinheiten, über die später zu berichten sein wird. Sie besaßen insgesamt 3300 Shermans (davon kaum 170 mit 76,2-mm-Geschütz), Churchills (einschließlich die 100 Mark-VII mit verbesserter Panzerung) und Cromwells. Dazu kamen umfassende Materialreserven.

USA: Impuls aus der Neuen Welt

Die amerikanischen Panzertruppen waren nach 1940 kaum den gleichen Veränderungen wie die anderer Staaten unterworfen, da sie zu diesem Zeitpunkt nur in geringem Umfang existierten und nur einige hundert Stück veralteter Typen und einen kleinen, nach Kavalleriemethoden ausgebildeten Kader an Besatzungen besaßen. Die selbstentwickelte Kampfgliederung der US-Panzertruppen basierte auf dem genauen Studium der Ideen der kriegführenden Staaten, nachdem sie bis 1940 den Gepflogenheiten von Infanterie und Kavallerie unterworfen war. Hauptkampfpanzer der USA wurde der mit einer 75-mm- oder der etwas leistungsstärkeren 76-mm-Kanone bestückte Sherman. Von Anfang 1941 an kam die amerikanische Panzerfertigung voll zum Tragen. 1942 wurden bereits 14 000 Shermans gefertigt, und 1943 waren es schon 21 000 mit weiteren Steigerungsraten, wie sie sich aus der für die Neue Welt typischen Massenproduktion ergaben. Die Masse und die mit ihr verbundene technische Zuverlässigkeit gab dem Sherman (und damit auch den Alliierten) ein deutliches Gegengewicht zur überlegenen deutschen Bewaffnung und Panzerung. Gleichzeitig brachte die leistungsstarke amerikanische Ausbildungsorganisation in großer Zahl ausgebildete Panzerbesatzungen hervor, die voller Kampfgeist waren, jedoch noch viel zu lernen hatten. Sie wurden vom Draufgängergeist eines der brillantesten Panzergeneräle – des amerikanischen Gegenstücks zu Guderian und Hobart –, George S. Patton, angespornt.

Schon 1943 hätten die USA aber einen starken Nachfolgetyp für den Sherman haben sollen und können. Es handelte sich um den mit einer 76-mm-Kanone bestückten T-20, der 1944 hätte zum Einsatz kommen können. Man war aber der Meinung, daß der Sherman in großen Stückzahlen gut genug sein würde, um die deutsche Verteidigung zu durchbrechen und mit der zur Verfügung stehenden Zuverlässigkeit und Geschwindigkeit weiter vorzustoßen. Dies führte zu dem Entschluß, die Fertigung des T-20 zu stoppen, um den Strom der in den Fabriken vom Fließband laufenden Shermans nicht zu unterbrechen. Es ist das Vorrecht großer Nationen, starke Bataillone uneingeschränkt in den Kampf zu schicken – eine Politik, die die USA 1944 verfochten.

Modernisierung der Panzertaktik

Jedes Frontheer hatte die Notwendigkeit erfaßt, den Einsatz von Infanterie, Artillerie und Panzern zu kombinieren. Dabei unterschieden sich allerdings die Vorstellungen von Zusammenarbeit und Führung. Auf deutscher Seite wählte man die gemischte Kampfgruppe verschiedenartiger Zusammensetzung innerhalb der Division. Die Engländer neigten zu einer Abgrenzung zwischen den Panzer- und Infanterieverbänden und gliederten, wenn möglich, nicht unter der Brigadeebene um. Die Amerikaner folgten meistens dem deutschen Beispiel, erhöhten aber die Flexibilität, indem sie die Führung durch sogenannte „Combat Commands" (zwei pro Panzerdivision) ergänzten. Sie wurden auf der Ebene gemischter Kampfgruppen gebildet, die aus der Panzerstärke einer Division von 270 Panzern (einschließlich 83 leichter Stuarts) zusammengestellt wurden. Hierbei handelte es sich um die letzte von verschiedenen amerikanischen Varianten, die Mitte 1944 von den sechs US-Panzerdivisionen und der 2. französischen Panzerdivision ausprobiert wurden.

Im Gegensatz zu den Deutschen, die Sturmgeschütze ausschließlich zur Unterstützung der Infanterie einsetzten, war die amerikanische Taktik mehr der englischen ähnlich. Hier standen mehrere Panzerbataillone dem Oberkommando zur direkten Infanterieunterstützung zur Verfügung. Dies war wohl der Hauptunterschied zwischen der deutschen und der alliierten Panzerkriegs-Lehre. Auf deutscher Seite war man von der Gliederung des Panzerkorps in Panzerdivisionen überzeugt. Beide Systeme hatten ihre Vorzüge und waren in erheblichem Umfange von der Einsicht abhängig, die der einzelne Kommandeur dem Wert des Panzers entgegenbrachte, aber auch von den Einschränkungen, die sich aufgrund des Geländes und aus dem für die Bewegung zur Verfügung stehenden Raum ergaben. In Rußland begünstigten die weiten Steppen die deutschen Panzerkorps. In der Normandie drohte die Heckenlandschaft

53 ▷

Das kritische Gleichgewicht: Geschwindigkeit und Quantität gegen Feuerkraft und Qualität.

Imperial War Museum

John Batchelor

1944 waren die Westalliierten, insbesondere Großbritannien, von der Auffassung abgekommen, daß der Panzer in erster Linie eine Waffe zur Infanterieunterstützung sei – obwohl der CHURCHILL (oben bei Abdichtungstests) in dieser Rolle Hervorragendes leisten sollte und ihr Standardpanzer, der hochbewegliche SHERMAN, für die offensive Panzerkampfführung gut geeignet war. Im Vergleich zu den meisten modernen deutschen Typen war er aber hinsichtlich der Bewaffnung unterlegen und mußte häufig in überlegenen Zahlen auftreten, um den Gegner ausschalten zu können. Es wurden mehrere Versuche unternommen, eine schwerere Kanone einzubauen. Am erfolgreichsten war der SHERMAN FIREFLY (oben) mit einer britischen 76,2-mm-Kanone. *Gewicht:* **32,9 t;** *Geschwindigkeit:* **39 km/h;** *Fahrbereich:* **192 km;** *Besatzung:* **4 Mann;** *Panzerung:* **max. 81 mm;** *Bewaffnung:* **eine 76,2-mm-Kanone, ein 7,62-mm-MG. In der Zwischenzeit hatte man auf deutscher Seite als Gegengewicht zur ständig wachsenden zahlenmäßigen Überlegenheit der Alliierten einen großen Bedarf an starken Abwehrwaffen und hatte größere, zwar weniger bewegliche, aber schwerbewaffnete Panzer und Sturmgeschütze entwickelt, die in ein engmaschiges Verteidigungsnetz eingebaut wurden. Der STURMPANZER IV (unten) war aufgrund einer Forderung für ein selbstfahrendes Infanteriegeschütz entstanden. Er bewährte sich gut in der Normandie, wo das Gelände die Alliierten an der Ausnutzung ihrer Beweglichkeit hinderte.** *Gewicht:* **25 t;** *Geschwindigkeit:* **36,5 km/h;** *Fahrbereich:* **100 km;** *Besatzung:* **5 Mann;** *Panzerung:* **80 mm;** *Bewaffnung:* **eine 75-mm-Kanone, zwei 7,92-mm-MG. Der JAGDPANTHER (Mitte) war eines der kampfstärksten im Kriege gebauten Fahrzeuge. Er war eine Kombination aus der hervorragenden 8,8-cm-Kanone und dem Fahrgestell des PANTHER.** *Gewicht:* **46 t;** *Geschwindigkeit:* **55 km/h;** *Fahrbereich:* **200 km;** *Besatzung:* **5 Mann;** *Panzerung:* **80 mm;** *Bewaffnung:* **eine 88-mm-Kanone, zwei 7,92-mm-MG.**

Die sogenannten „Funnies“, eine seltsame Menagerie gepanzerter Ungeheuer.

Sowohl den alliierten als auch den deutschen Planern war klar, daß der Erfolg des Tages „D“ (Invasionstag) von der Schnelligkeit abhängen würde, mit der die Landungstruppen die harte Schale der Küstenbefestigungen durchbrechen konnten, um dann weiter in das Landesinnere vorstoßen zu können. Nach der Katastrophe von Dieppe war den Briten bewußt geworden, daß der Angriff der Infanteriesturmtruppen von Spezialpanzern, die zur Überwindung von Hindernissen verschiede-

1

2

4

ner Art ausgelegt waren, vorbereitet und unterstützt werden mußte. So wurden die sogenannten „Funnies“, Generalmajor Hobarts Gedankenprodukte, geboren: (1) *Duplex Drive* (DD). Ein Amphibienumbau, der an dem Standardpanzer Sherman angebracht werden konnte. Ein faltbarer Segeltuchmantel gab dem Panzer die notwendige Schwimmfähigkeit. Der Vortrieb im Wasser erfolgte über zwei Schrauben und die Kette bis zu einer Geschwindigkeit von 5 km/h. (2) *Bobbin* auf Churchill-Fahrgestell wurde entwickelt, um einen 3 m breiten Segeltuchteppich über den weichen Sand an den Stränden zu verlegen. (3) *Crab,* eine Minenräumausführung des Sherman, die bei einer Fahrgeschwindigkeit von 2,5 km/h eine 3 m breite Gasse räumen konnte. (4) *Churchill AVRE* mit SBG-Brücke: Ein Churchill-Fahrgestell mit Brückenvorrichtung konnte in 30 Sekunden eine Brücke über einen 4 m breiten Graben oder über eine 4,5 m hohe Mauer verlegen. Tragfähigkeit der Brücke: 40 t. (5) *Gepanzerte Planierraupe:* Eine Sonderausführung der von Caterpillar gebauten Hochleistungsplanierraupe. (6) *Churchill Crocodile:* Eine Flammenwerferausführung des Churchill Mark VII. Die Flammkanone mit einer Reichweite von 110 m war anstelle der MG in der Wanne eingebaut. 7320 Liter Flammstoff wurden in einem gepanzerten Anhänger mitgeführt und durch komprimierten Stickstoff zugeführt.

3

5

6

John Batchelor

Neue Schlagkraft für die Infanterie

Eine der wichtigsten Entwicklungen in der Waffentechnik war in der letzten Phase des Krieges der wirksame Einsatz von Panzerabwehrwaffen durch den einfachen Infanteristen. Als erste fertigten die Amerikaner ein leichtes, tragbares Raketenabschußgerät mit der Bezeichnung Bazooka (unteres Bild bei einer Übung). Die Bazooka versetzte den Infanteristen in die Lage, schwere Panzer zu vernichten und sich nicht mehr auf die verwundbaren Panzerabwehrkanonen und die Artillerie verlassen zu müssen. Die Wirkung dieser Waffen war so überzeugend, daß bald alle kriegführenden Mächte ähnliches Gerät einführten, wie z. B. die britische PIAT, die deutsche Panzerfaust und der Panzerschreck. Diese Waffen konnten von ein oder zwei Mann bedient werden und verfeuerten ein Hohlladungsgeschoß, das gegen Befestigungen und Panzerungen hochwirksam war.

△ *Panzerschreck:* Deutsches, rückstoßfreies 88-mm-Raketenabschußgerät. Es verfeuerte ein 3,1 kg schweres Geschoß, das auf 150 m Entfernung eine Panzerung von 11,5 cm durchschlug.

◁ *PIAT:* British Projector Infantry Anti-Tank. Eine Schulterwaffe, die ein 1,35 kg schweres Geschoß verfeuerte, das auf 45 m Entfernung eine Panzerung von 10 cm durchschlug.

▽ *Bazooka:* Rückstoßfreies 5,7-cm-Raketenabschußgerät. Es verfeuerte ein 1,57 kg schweres Hohlladungsgeschoß über eine Schußentfernung bis zu 360 m.

Deutscher Tiger I: Der stärkste aller Panzer.

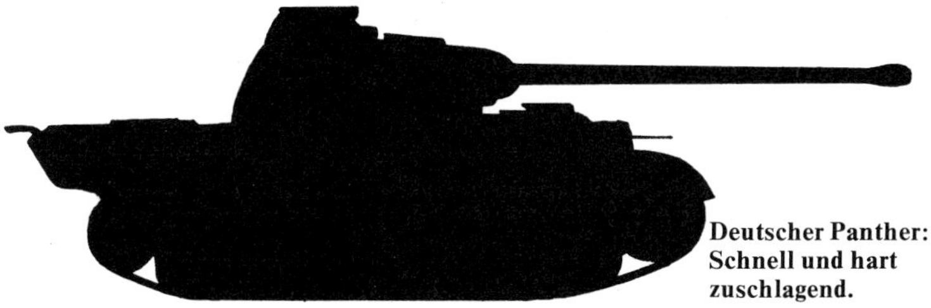

Deutscher Panther: Schnell und hart zuschlagend.

Fortsetzung von Seite 49

zu einer von der Infanterie gut genützten Panzerabwehrbarriere zu werden. In diesem Falle schien das britische System geeigneter zu sein.

Die größten Veränderungen im Gleichgewicht der Panzerkräfte wurden seit 1940 durch Fortschritte auf dem Gebiet der Feldbefestigungen, durch Leistungsverbesserungen der Panzerabwehrwaffen und durch die weite Verbreitung von Minen herbeigeführt. Das Kaliber der deutschen Standardpanzerabwehrkanone lag 1940 bei 37 mm. 1944 wurde bereits die lange 75-mm-Pak-40 eingesetzt, die durch die große, schwerfällige 88-mm-KwK-43 ergänzt wurde. Letztere war in der Lage, 168 mm dicke, geneigte Panzerungen auf 1000 m Schußentfernung zu durchschlagen. Eine deutsche Infanteriedivision setzte 31 Panzerabwehrkanonen in ihrem Abschnitt ein, die durch – von Kraftwagen gezogene – 88-mm-Geschütze aus den Armeeverfügungseinheiten verstärkt werden konnten. Hieraus setzte sich der beachtliche Vorhang der Panzerabwehr zusammen, hinter dem sich die beweglichen Panzerreserven befanden. Außerdem wurde der Infanterist in die Lage versetzt, auf eine Entfernung von 100 m mit der rückstoßfreien „Panzerfaust" oder dem „Panzerschreck" mit Hohlladungsgeschossen stärkste Panzerungen zu durchschlagen. Beide Waffen waren Gegenstücke zu der britischen PIAT und der amerikanischen „Bazooka".

Fast alles begünstigte die deutsche Verteidigung

Natürlich war auch auf alliierter Seite eine leistungsstarke Zahl von Panzerabwehrwaffen neben Sturmgeschützen vorhanden. Eine US-Infanteriedivision verfügte über 37-mm- und 57-mm-Panzerabwehrkanonen und 558 „Bazookas". Die britische Division war nicht schlechter ausgestattet und besaß die bewährten 76,2-mm-Kanonen. Gezogene Panzerabwehrgeschütze sind ausgesprochene Verteidigungswaffen, da man Zeit benötigt, um den Nachschub zu organisieren, Stellungen zu beziehen und, wenn nötig, zu tarnen. Aus diesen Gründen waren Panzerabwehrgeschütze für die Deutschen von größerem Nutzen, da sie fast immer aus vorbereiteten Stellungen heraus Abwehrgefechte führen konnten. Aus dem gleichen Grund konnten die Deutschen ihre Stellungen in erheblichem Umfange durch Minenfelder schützen und dadurch Einbrüche der alliierten Panzerverbände verzögern. Hierdurch erhielten die beweglichen Reserven mehr Zeit zu Gegenangriffen an Punkten kritischer Einbrüche. An den Stränden waren in großer Zahl Minen zwischen den künstlichen Hindernissen verlegt, die mit viel Bedacht mit natürlichen Gegebenheiten kombiniert waren.

Alle abwehrmäßigen Voraussetzungen schienen zugunsten der Deutschen geschaffen und ließen die Waage des Panzergleichgewichts ihrer Seite zupendeln. Es ist jedoch nicht zu vermeiden, daß leistungsstärkere Waffen größer und schwerfälliger sind und deshalb mehr Menschen- und Maschinenkraft benötigen, um sie auf dem Gefechtsfeld zu bewegen. Diese Schwierigkeiten vervielfältigen sich noch, wenn man geeignete Stellungen für sie suchen muß. Je schneller ein Hochgeschwindigkeitsgeschoß fliegt, um so schwieriger ist es, festzustellen, in welcher Entfernung es sein Ziel verfehlt hat (da es in der Nähe des Zieles ist, bevor sich der Abschußrauch und Staub verzogen hat), und die Treffwahrscheinlichkeit wird durch diese Faktoren erheblich beeinträchtigt. All diese Schwierigkeiten sprechen gegen schwere Geschütze, deren Stellungen darüber hinaus noch durch den Abschußblitz und -rauch gefährdet sind. Ironischerweise wurden durch diese Mängel 1944 einige der Vorteile des Panzers wiederentdeckt.

Von den deutschen Befestigungsanlagen entlang der französischen Küste, die in Gürteln das Landesinnere schützten und wichtige Punkte wie beispielsweise die Radarstellung Douvres in der Normandie eng umgaben, drohten für einen Angriff größere Gefahren, als sie jemals vorher im 2. Weltkrieg angetroffen worden waren. Diese Befestigungen waren das Ergebnis vierjähriger Planung einer Arbeit, die ihren Höhepunkt während der mehrmonatigen, dynamischen Tätigkeit Feldmarschall Rommels als Oberbefehlshaber der Heeresgruppe B fand, der davon überzeugt war, daß man die Küste als „harte Schale" unter allen Umständen halten mußte. Zweifellos haben diese Hindernisse die Amerikaner davon abgeschreckt, als Angriffsspitze massierte Panzerverbände einzusetzen. Die Engländer wurden dagegen aufgrund ihrer bitteren Erfahrungen bei Dieppe von den Hindernissen nur angespornt, sie durch ungewöhnliche, neue Methoden auszuschalten.

Die vollkommene Vernichtung ihrer Truppen im Küstenbereich war auch für die Engländer undenkbar. Churchills Gefühle gerieten in Wallung, wenn er auch nur daran dachte, daß wieder – wie einst bei Gallipoli – britische Infanteristen reihenweise aufgrund eines seiner Befehle niedergemäht werden könnten. Bei Dieppe hatten die Kanadier ein ähnliches Schicksal erlitten, als die Panzer nach der Anlandung nicht die Küstenhindernisse überwinden konnten, um die darüber hinaus vorgegangene Infanterie zu unterstützen. Während die Pioniere versuchten, Gassen für die Panzer zu öffnen, schloß sich der Teufelskreis, weil die Infanterie – ohne Panzerunterstützung – nicht in der Lage war, die deutschen MG-Nester auszuschalten. Die mähten nun die Pioniere nieder.

Im März 1943 gab General Brooke, der Chef des Empire-Generalstabs, die Weisung, Sondereinheiten aufzustellen, die mit der Angriffsspitze landen und Schneisen schaffen sollten, bevor die ersten Wellen der Infanterie an Land gesetzt würden. Sie sollten die Verteidiger aus eigener Kraft niederhalten und dafür sorgen, daß nur wenige Soldaten ohne Panzerschutz dem gegnerischen Feuer ausgesetzt sein würden. Spezialisierte Panzerteams wurden ins Auge gefaßt, um die gegnerischen Verteidigungsanlagen mit gezieltem Feuer niederzukämpfen, die Minenfelder im Strandbereich zu sprengen, künstliche Sperren und die Küstenmauern zu beseitigen oder passierbar zu machen, Betonsperren und Sperrgräben auszuschalten, um dann weitere Minenfelder zu räumen. Außerdem sollten sie noch bestehende Widerstandsnester und Bunker niederkämpfen, bevor sie mit der nächsten Welle der anlandenden Infanterie und Panzer weiter ins Landesinnere vorstießen. Geschwindigkeit war die Hauptforderung bei diesen vielfältigen Einsätzen. Dies traf besonders für den englischen Abschnitt zu, da das Gelände Gegenangriffe durch deutsche Panzerkräfte begünstigte und die Notwendigkeit bestand, schnell Tiefe und Raum an Land zu gewinnen, um ein Bewegungsgefecht führen zu können, sobald die Truppen gelandet wurden.

Noch vor 1943 hatten die meisten der benötigten Sondergeräte das Entwicklungs- bzw. Erprobungsstadium erreicht. Meist gingen ihre Ursprünge bereits auf den Ersten Weltkrieg zurück. Primitive Minenräumgeräte nach dem Dreschflegelprinzip waren bereits in Nordafrika eingesetzt worden. Nach dem Landeunternehmen bei Dieppe wurde von dem Kanadier Donovan das sogenannte „Armoured Vehicle Royal Engineers" (AVRE) auf dem Churchill-Fahrgestell entworfen, das mit einem Sprengkommando besetzt und einer Vielfalt von Brückengerät und Faschinen zur Überwindung von Gräben und Wällen ausgerüstet war. Die ersten Versuche, Panzer schwimmfähig zu machen, hatten zu der einfachen Methode geführt, eine faltbare Segeltuchkonstruktion um das Fahrzeug herum anzubringen, um einen dem Fahrzeuggewicht entsprechenden Auftrieb zu erzielen. Der Antrieb im Wasser erfolgte über zwei von dem Motor angetriebene Schrauben. Der Erfinder war Nicholas Strausler. Eine weitere Variante des Churchillpanzers mit „Duplex-Antrieb" (DD) war als Flammenwerfer ausgerüstet. Dieses Fahrzeug mit der Bezeichnung „Crocodile" führte den komprimierten Flammstoff in einem gepanzerten Anhänger mit. Außerdem gab es Panzer, die mit einem starken Scheinwerfer, dem sogenannten „Canal Defense Light" (CDL), ausgestattet waren. Später gab es auch noch eine Fülle von Erfindungen, die erprobt wurden, um dann abgelehnt oder angenommen, verbessert oder in Massen produziert zu werden. Die dazugehörigen Besatzungen wurden mit dem Ziel ausgebildet, in methodischer Kombination der aus verschiedenartigen Spezialfahrzeugen bestehenden Teams jedmögliche Zusammenstellung von Hindernissen auszuschalten.

Hobart baut seinen „Belagerungstroß"

Vergleichbar mit dem Belagerungstroß des Mittelalters, entstand hier im 20. Jahrhundert ein Instrumentarium, bei dem der Mensch durch die Maschine ersetzt wurde, um in jeder Phase des Angriffs die Beweglichkeit und die gepanzerte Überlegenheit aufrechtzuerhalten, auch dort, wo die Verteidigungsanlagen am stärksten waren. Es standen nur noch 14 Monate zur Verfügung, und Brooke suchte nun den Mann, der das Wunder zu vollbringen vermochte. Er wählte Hobart, der trotz seiner 58 Jahre der einzige zu sein schien, der in jeder Hinsicht die tiefgehendsten Erfahrungen im Hinblick auf die Panzerwaffe hatte, gepaart mit der nötigen rastlosen Energie, um diese Aufgabe in der zur Verfügung stehenden kurzen Zeit zu bewältigen. Die Bresche in den Atlantikwall zu schlagen, war dabei der letzte Schritt seiner Aufgabe. Zunächst mußte Hobart den militärischen und industriellen Apparat überzeugen und antreiben, damit das notwendige Gerät entsprechend seinen Spezifikationen und Zeitforderungen konstruiert bzw. verbessert werden konnte. Darüber hinaus forderte er, daß jedes Sonderfahrzeug in der Lage sein mußte, selbständig zu kämpfen, sollte dies notwendig sein. Gleichzeitig mußte er normale Panzerbesatzungen im Geiste unermüdlicher Improvisationsbereitschaft ausbilden, für die es keinerlei unüberwindbare Verteidigungsanlagen gab. Gegen vielfältige Schwierigkeiten meisterte Hobart seine Aufgabe und war Anfang 1944 in der Lage, seinem Schwager, General Montgomery, und General Eisenhower nach ihrer Ankunft zur Befehlsübernahme über die Invasionstruppen eine Vielfalt von Spezialfahrzeugen vorzustellen.

Aufgestellt worden waren je eine Brigade mit schwimmfähigen „DD"-Sherman-Panzern und mit Shermans, die mit Dreschflegel-Minenräumgeräten ausgerüstet waren. Außerdem eine Brigade mit Churchill-AVRE-Panzern, die mit dem Petard-Pioniermörser bestückt waren. Weiter gab es ein Regiment mit „Crocodile"-Flammenwerfer-Panzern und eine Brigade mit Grand-„CDL"-Scheinwerferpanzern. Letztere kamen bei der Invasion in der ihnen ursprünglich zugedachten Rolle als Gefechtsfeldbeleuchter nicht zum Einsatz. Weitere Sonderfahrzeugtypen mit Bezeichnungen wie „Hobo's Menagerie" oder „The Funnies" wurden in den folgenden Monaten in Dienst gestellt. Die Grundkombinationen von „DD", Dreschflegel-Minenräumpanzer und „AVRE" blieben aber die Elemente der Strandangriffsteams, die der Infanterie am 6. Juni 1944 den Weg ebneten.

Britischer Churchill: Robust, aber noch zu schwach bewaffnet.

Britischer Cromwell: Dem Panther unterlegen.

Central Press

Amerikanische Shermans im Manöver. Durch die Standardisierung auf diesen Typ erreichten die Alliierten die notwendige zahlenmäßige Überlegenheit, um die qualitativ besseren deutschen Panzer zu besiegen.

Shermans eines britischen Panzerregiments irgendwo in England bei einem Halt auf dem Marsch zum Versammlungsraum. An dem weißen Stern erkannten die alliierten Piloten, daß die Fahrzeuge zu ihrer Seite gehörten.

Montgomery erfaßte sofort den Zweck und die Bedeutung dieser Sonder-Panzereinheiten und forderte den Einsatz von Panzerfahrzeugen als Angriffsspitze. Gleichzeitig bestand er darauf, den Amerikanern die Hälfte von dem anzubieten, was die Engländer auf diesem Gebiet hatten. Er veranlaßte Hobart, jedes Gerät den Alliierten vorzuführen. Eisenhower war einseitig für die „DD" und verlangte davon eine Brigade. Die Auswahl der anderen Ausrüstung überließ er General Bradley, der diese Aufgabe an seinen Stab delegierte. Der aber lehnte aus verschiedenen Gründen die meisten Geräte und Fahrzeuge ab. Diese Unterlassungssünden sollten sich bald bitter rächen. Diese Spezialpanzer sollten für die alliierten Panzereinheiten den Vorteil wettmachen, den die Deutschen in den verminten und mit Hindernissen versehenen Stränden besaßen. Durch sie sollte der Weg für die anderen Fahrzeuge frei werden, die schnell und in großer Zahl in die Tiefe des Landes vorstoßen sollten, um massiert den Kampf mit den technisch überlegenen deutschen Panzern und Panzerabwehrgeschützen in offenem Gelände aufzunehmen. Keinen Ersatz aber gab es für die Entschlossenheit und die Tapferkeit der Männer auf beiden Seiten. Nun blieb abzuwarten, ob die schwereren Verluste, die ein qualitativ überlegener Gegner dem zahlenmäßig stärkeren beibringen konnte, auf die Dauer gesehen den Angriffselan des letzteren zu schwächen vermochten. Hierin lag die tödliche, aber nicht kalkulierbare Gefahr, die nur von der ständig wachsenden Kampfmoral der Briten und Amerikaner verdeckt wurde. Zuletzt würde wohl auch ein einzelner Tiger, der einen ganzen Zug alliierter Panzer abgeschossen hatte, vernichtet werden. Würden die Überlebenden eines solchen Pyrrhussieges aber noch bereit sein, dem nächsten Tiger bei dessen Auftauchen entgegenzutreten? Würden sie dies fortsetzen können, bis der letzte Tiger vernichtet war – das heißt bis kein Tiger mehr aus Deutschland über die engen Straßen und per Eisenbahn der Front zugeführt werden konnte?

Tatsächlich war es zweifelhaft, ob die Nachschubwege auf deutscher Seite offengehalten werden konnten, um die erforderlichen Reserven und vor allem den für eine Bewegungsschlacht notwendigen Treibstoff und die Munition nachzuführen. Hier lag der neuralgische Punkt der Schlacht. Denn halbgefüllte Treibstofflager können für die mechanisierte Kriegführung genauso verheerend sein wie überhaupt keine Vorräte, da jede Planung durch Ungewißheiten zunichte gemacht wird. Das Vermögen der alliierten Luftflotten, die deutsche Treibstoffversorgung zu unterbrechen, stellte für die Deutschen eine viel größere Gefahr dar als ihr Vermögen, Panzer mit ungelenkten Raketen und Bomben zu vernichten.

1940 konnte das Kräfteverhältnis der Panzer noch nach einfachen Regeln und völlig isoliert beurteilt werden, wobei die übrigen Waffengattungen die Szene übernahmen, nachdem die Panzer als „Stars" über die Bühne des Geschehens hinweggerollt waren. Jetzt aber, 1944, spielten die Panzer zwar noch eine entscheidende Rolle, waren aber in jeder Armee eng mit den übrigen Kampftruppen verflochten. Beide Seiten mußten aber noch lernen, daß die Luftüberlegenheit den größten Ausschlag gab. Zweifellos war dennoch die Vernichtung oder Ausschaltung der gegnerischen Panzerwaffe für das Gesamtergebnis von entscheidender Bedeutung.

Die Verbesserung der Panzer

Der Pershing T-25 E1. Der beste und modernste amerikanische Kampfpanzer des Krieges. Er hatte eine niedrige Silhouette und sehr schräge Panzerflächen zur maximalen Ablenkung von Geschossen. Ein Pershing überstand hintereinander 13 Treffer einer deutschen 75-mm-Kampfwagenkanone auf eine Schußentfernung von 1100 m ohne einen Durchschlag. Darüber hinaus hatte seine 90-mm-Kanone eine größere Reichweite als die seines Hauptrivalen, des deutschen Tiger VI.
Besatzung: 5 Mann; *Gewicht:* 34,7 t; *Fahrbereich:* 120 km; *Höchstgeschwindigkeit:* 32 km/h; *Bewaffnung:* eine 90-mm-Kanone, ein 12,7-mm-MG, ein 7,62-mm-MG; *Panzerung:* 89 mm.

John Batchelor

Unten: Josef Stalin III, eine verbesserte Ausführung der JS-Reihe mit neuer Turmformgebung und beidseitig abgeschrägtem Wannenbug zur besseren Geschoßablenkung. Erstmals 1945 aufgetreten. Seine Hauptbewaffnung bestand aus einer 122-mm-Kanone, die Panzerung war stärker.

Ganz unten: Die „Maus". Dieses letzte deutsche Ungeheuer erschien Anfang 1945. Es wurden nur zwei Prototypen gebaut. Die „Maus" besaß eine riesige 128-mm-Kanone mit einer koaxialen 75-mm-Kanone. Das Gewicht und das ungünstige Längen-Breiten-Verhältnis machten das Fahrzeug langsam und schwerfällig.

Unten: Pershing (technische Daten oben) wurde entwickelt, um den M-6 abzulösen, dessen Gewicht zu großen Transportschwierigkeiten führte. Die Amerikaner fanden es leichter, zwei mittlere Panzer von je 35 t Gewicht zu verschiffen, als einen von 65 t.

Ganz unten: Tortoise (Schildkröte): Ein schwerer Panzer, der gegen Ende des Krieges gebaut wurde. Er wurde als Versuchsmuster entwickelt. Genau wie der deutsche Typ „Maus" kam er nicht zum Einsatz. Es wurden nur 5 Prototypen gebaut, dann wurde die Entwicklung dieses englischen Panzers abgebrochen.

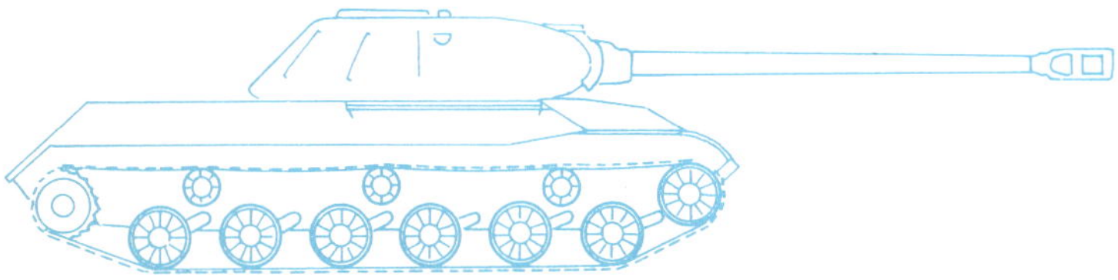

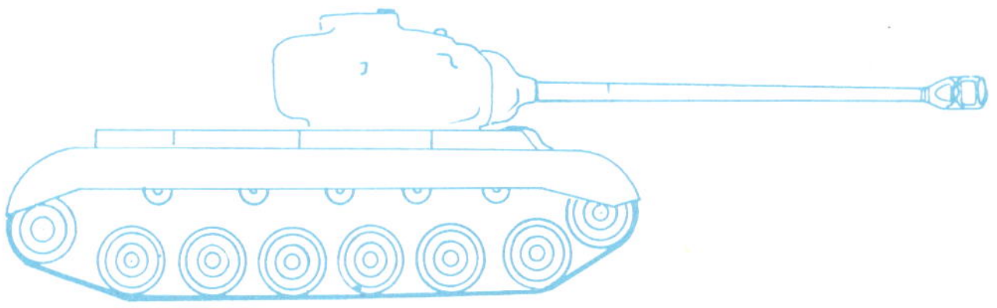

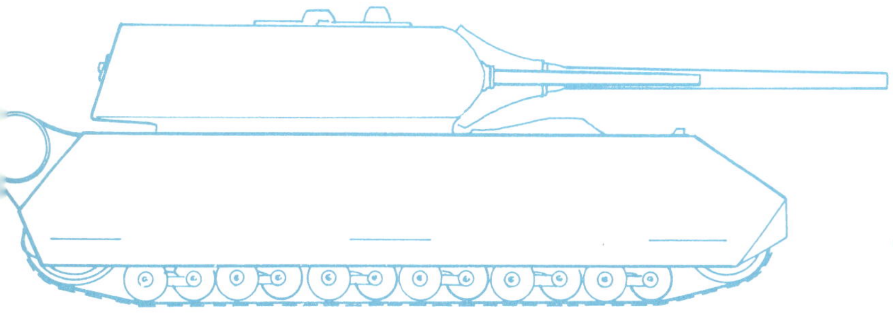

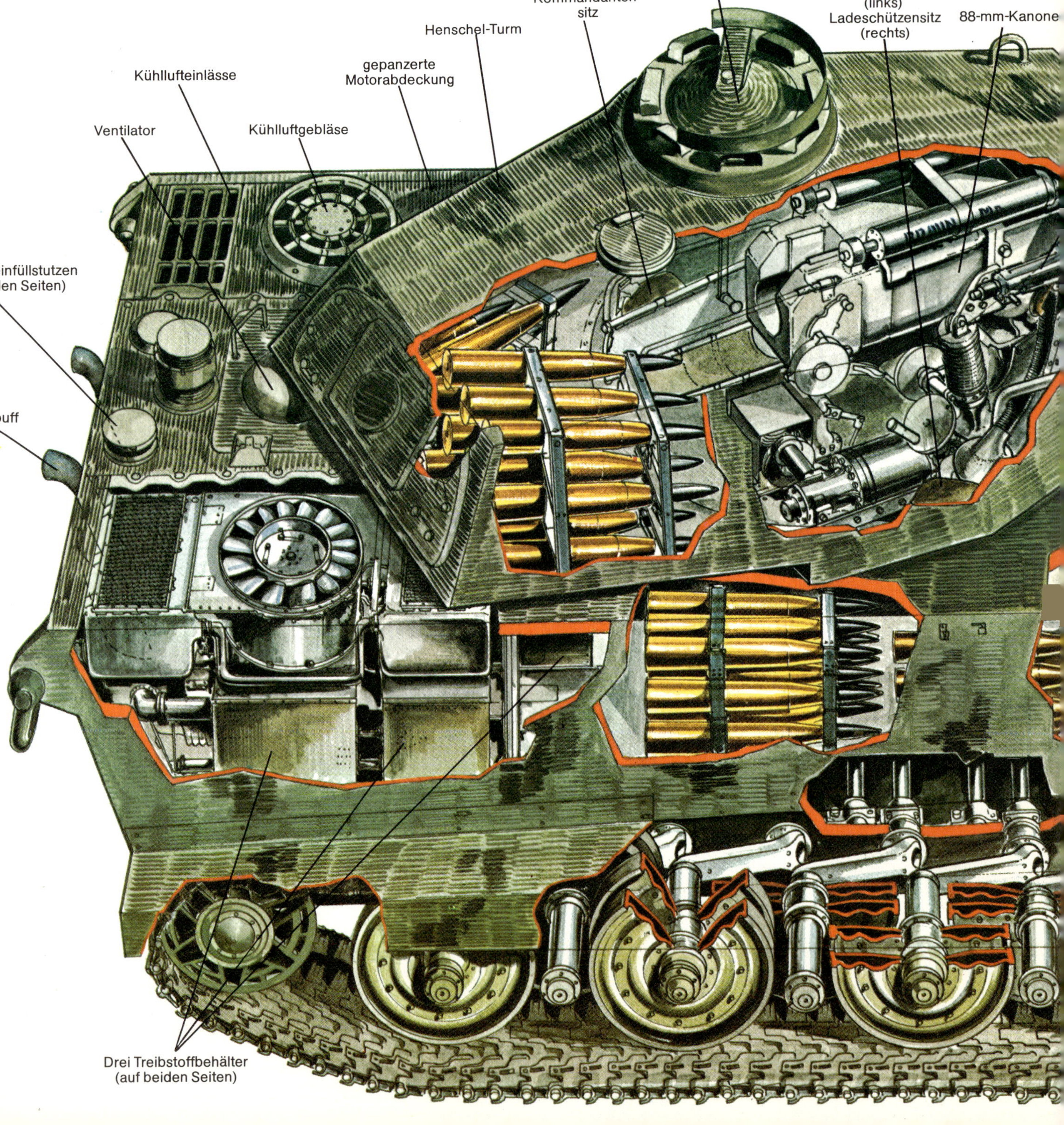

John Batchelor

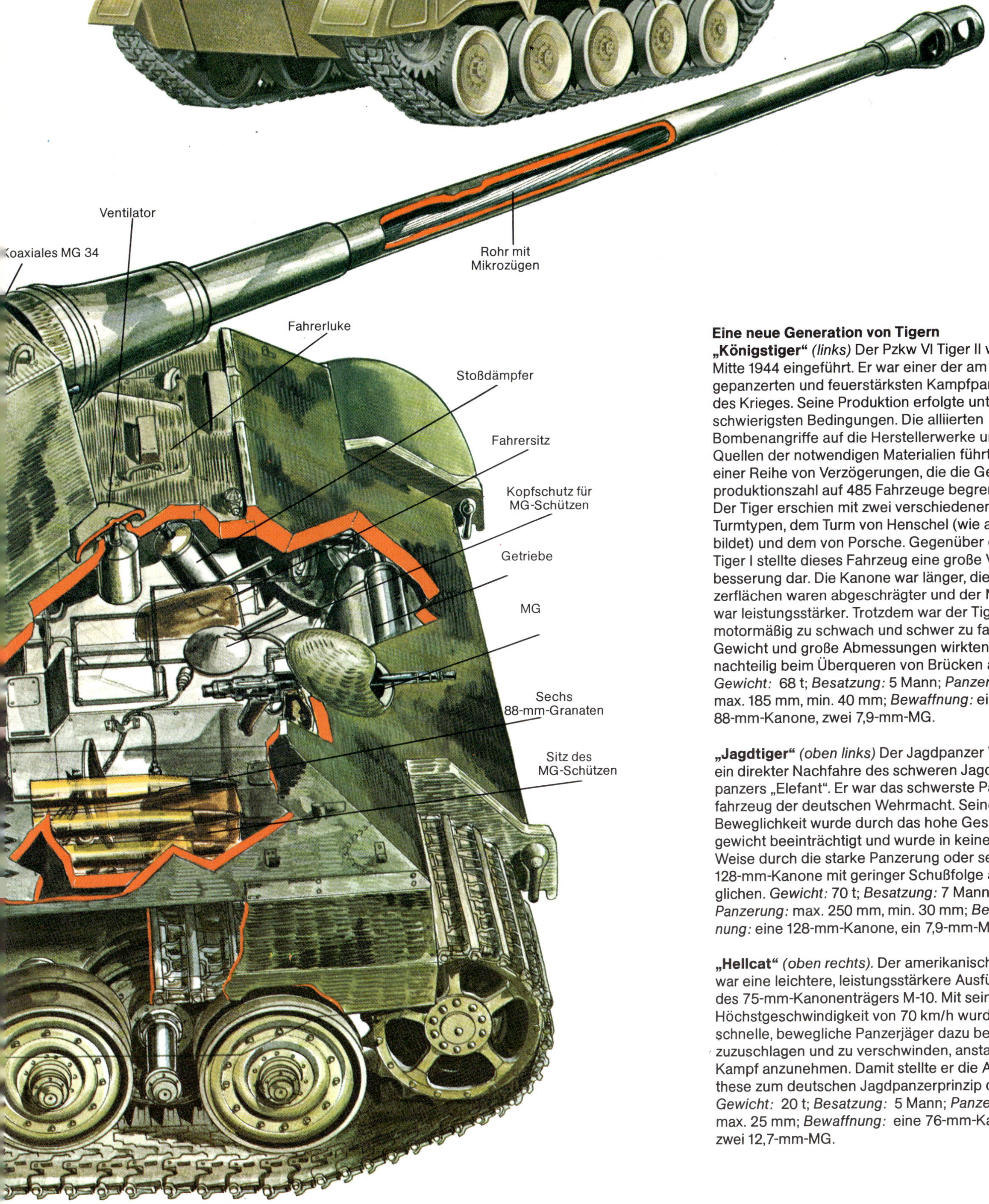

Eine neue Generation von Tigern

„Königstiger" *(links)* Der Pzkw VI Tiger II wurde Mitte 1944 eingeführt. Er war einer der am besten gepanzerten und feuerstärksten Kampfpanzer des Krieges. Seine Produktion erfolgte unter den schwierigsten Bedingungen. Die alliierten Bombenangriffe auf die Herstellerwerke und die Quellen der notwendigen Materialien führten zu einer Reihe von Verzögerungen, die die Gesamtproduktionszahl auf 485 Fahrzeuge begrenzten. Der Tiger erschien mit zwei verschiedenen Turmtypen, dem Turm von Henschel (wie abgebildet) und dem von Porsche. Gegenüber dem Tiger I stellte dieses Fahrzeug eine große Verbesserung dar. Die Kanone war länger, die Panzerflächen waren abgeschrägter und der Motor war leistungsstärker. Trotzdem war der Tiger II motormäßig zu schwach und schwer zu fahren. Gewicht und große Abmessungen wirkten sich nachteilig beim Überqueren von Brücken aus. *Gewicht:* 68 t; *Besatzung:* 5 Mann; *Panzerung:* max. 185 mm, min. 40 mm; *Bewaffnung:* eine 88-mm-Kanone, zwei 7,9-mm-MG.

„Jagdtiger" *(oben links)* Der Jagdpanzer VI war ein direkter Nachfahre des schweren Jagdpanzers „Elefant". Er war das schwerste Panzerfahrzeug der deutschen Wehrmacht. Seine Beweglichkeit wurde durch das hohe Gesamtgewicht beeinträchtigt und wurde in keiner Weise durch die starke Panzerung oder seine 128-mm-Kanone mit geringer Schußfolge ausgeglichen. *Gewicht:* 70 t; *Besatzung:* 7 Mann; *Panzerung:* max. 250 mm, min. 30 mm; *Bewaffnung:* eine 128-mm-Kanone, ein 7,9-mm-MG.

„Hellcat" *(oben rechts).* Der amerikanische M-18 war eine leichtere, leistungsstärkere Ausführung des 75-mm-Kanonenträgers M-10. Mit seiner Höchstgeschwindigkeit von 70 km/h wurde dieser schnelle, bewegliche Panzerjäger dazu benutzt, zuzuschlagen und zu verschwinden, anstatt den Kampf anzunehmen. Damit stellte er die Antithese zum deutschen Jagdpanzerprinzip dar. *Gewicht:* 20 t; *Besatzung:* 5 Mann; *Panzerung:* max. 25 mm; *Bewaffnung:* eine 76-mm-Kanone, zwei 12,7-mm-MG.

Feuerkraft der Panzer

Viel ist über die Steigerung der Feuerkraft der Panzer während des Krieges geschrieben worden. Für den Laien bedeuten Kalibergrößen normalerweise indessen sehr wenig. Einiges über die rapide Zunahme an Schlagkraft ist aus den unten dargestellten beiden Munitionsgruppen zu entnehmen. Sie umspannen den gesamten Bogen der britischen und deutschen Panzerkampfwagenkanonenmunition im Zweiten Weltkrieg. Im allgemeinen übertrafen die deutschen Waffen in allen Kaliberbereichen hinsichtlich der Qualität diejenigen der alliierten Panzer. Erst mit dem Erscheinen der 76,2-mm-Kanone hatten die Alliierten eine Waffe, mit der sie dem Panther und Tiger I gleichwertig begegnen konnten. Aber auch die 76,2-mm-Kanone gehörte noch nicht der gleichen Klasse an wie die starke, langrohrige 88-mm-Kwk-43 des Tiger II oder die enorme 128-mm-Kanone des Jagdtigers. Obwohl es sich bei dem Jagdtiger um eine Selbstfahrlafette und nicht um einen echten Kampfpanzer mit Turm handelte, standen bei Kriegsende mindestens zwei superschwere Panzer mit der gleichen Kanone in der Entwicklung. Die Munition für diese Kanone war zu schwer, um in einem Stück gehandhabt zu werden. Geschoß und Treibladung wurden getrennt geladen. Das panzerbrechende Geschoß wog 28,1 kg und war somit 42mal so schwer, wie die von den ersten Pzkw III verschossenen 37-mm-Granaten. Für die Nahunterstützung waren einige britische Panzer zunächst mit 77-mm-Haubitzen und später mit der größeren 95-mm-Haubitze ausgestattet. Die 77-mm-Haubitze war eigentlich eine verkürzte Ausführung des 76,2-mm-Geschützes, die so ausgelegt war, daß sie in Panzer paßte, die keinen Raum für den längeren Verschlußmechanismus hatten. In tatsächlicher Größe ist die Hülse des britischen 76,2-mm-Geschützes (Länge: 58,5 cm) etwa 5 cm kürzer als die der 75-mm-KwK 42 des Panthers.

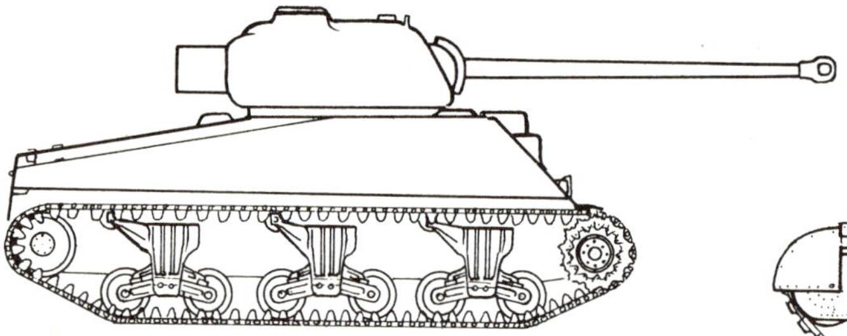

Sherman Firefly

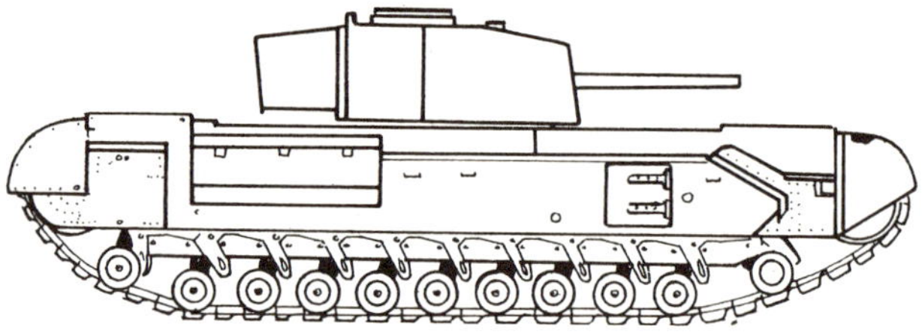

Churchill IV

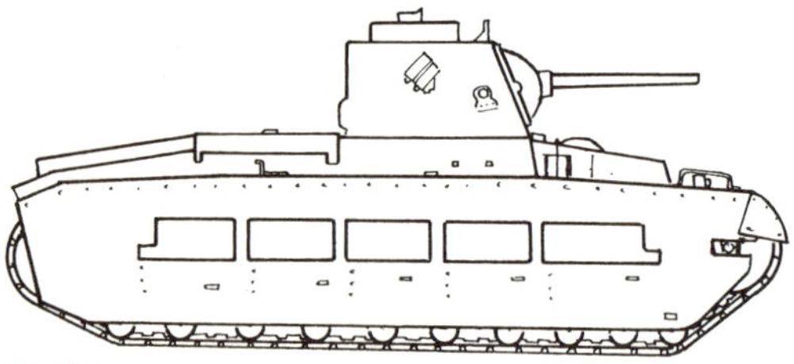

Matilda

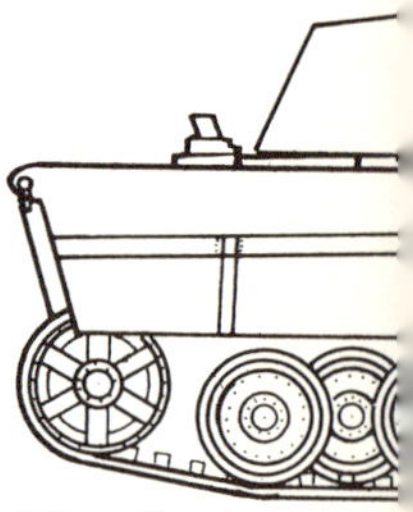

Tiger II

1 2 3 4 5 6 7 8 1 2

Britische Panzermunition

1) 3pfünder Übungsm. (Cruiser A-9)
2) 2pfünder panzerbrechend (Tetrarch, Crusader I u. II, Matilda)
3) 6pfünder (57 mm) panzerbrechend mit abwerfbarem Treibspiegel. Ein Leichtgewicht-Hochgeschwindigkeitsgeschoß mit Wolfram-Hartkern. Die äußere Treibspiegelkonstruktion zerbricht im Rohr, wird aber bis zum Verlassen der Mündung zusammengehalten. Nach Verlassen des Rohres werden die Teile von dem kleineren Geschoß in der Mitte abgeschleudert, das dann mit höherer als normaler Geschwindigkeit zum Ziel fliegt. (Cromwell I u. III, Centaur I, Valentine VIII u. IX).
4) 75-mm-Sprenggranate (Cromwell IV, V u. VII, Centaur III, Churchill IV)
5) 17pfünder (76,2 mm) panzerbrechend mit abwerfbarem Treibspiegel (Challenger, Firefly, 17pfünder Archer)
6) 77-mm panzerbrechend (Comet)
7) 76,2-mm-Haubitze, Sprenggranate (Churchill I, III u. IV Nahunterstützung, Crusader CS)
8) 95-mm-Haubitze, Sprenggranate (Cromwell VI u. VIII, Centaur IV, Churchill V u. VIII)

Deutsche Panzermunition

1) 3,7-cm-KwK (Kampfwagenkanone) panzerbrechend (Pzkw III)
2) 5-cm-KwK (kurz) panzerbrechend (Pzkw III)
3) 5-cm-KwK-39 (lang) Sprenggranate (Pzkw III)
4) 7,5-cm-KwK (kurz) Sprenggranate (Pzkw III u. IV)
5) 7,5-cm-KwK-40 Sprenggranate (Pzkw IV)
6) 7,5-cm-KwK-42 panzerbrechend (Panther)
7) 8,8-cm-KwK-36 Sprenggranate (Tiger I)
8) 8,8-cm-KwK-43 Sprenggranate (Tiger II)
9) 12,8-cm-PaK-44 panzerbrechend, Geschoß und Kartusche (Jagdtiger)

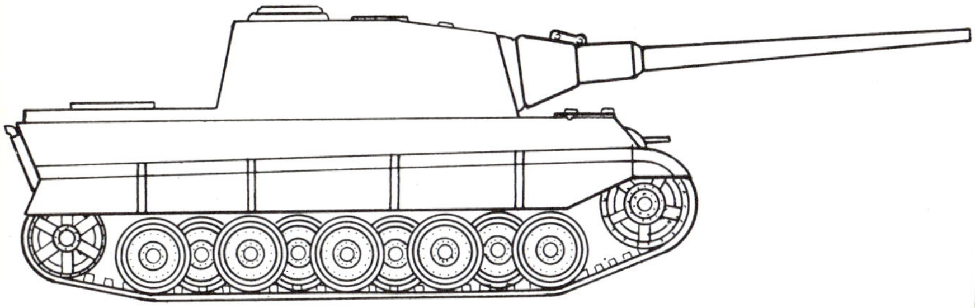

Jagdtiger

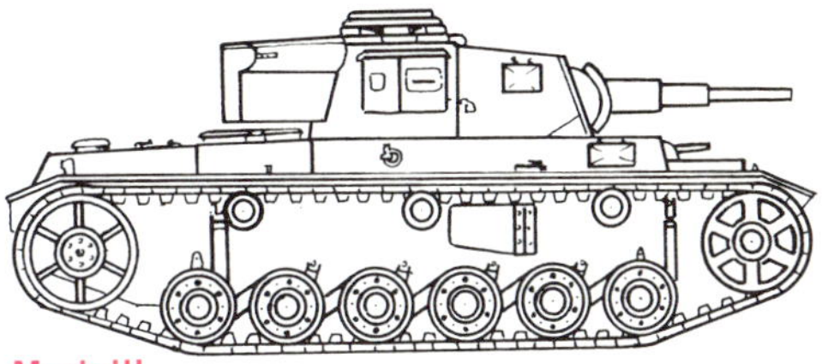

Mark III

Sturmgeschütze der Ostfront: Zwitter gegen Schwergewichtler

In dem Bemühen, die Unterstützungsartillerie in die Lage zu versetzen, ihren gepanzerten Kettenfahrzeugen über das schlammige Gelände und die weiten Steppen in Rußland zu folgen, wurden von Deutschen und Russen eine Vielfalt von Selbstfahrgeschützen auf den Fahrgestellen veralteter und erbeuteter Panzer herausgebracht. Die beiden unten abgebildeten deutschen Zwitter bestehen aus Fahrgestellen und Aufbauten von leichten und schweren französischen Beutepanzern, auf die Feldgeschütze montiert wurden. Die russischen „Schwergewichtler" (rechts) waren andersartige Selbstfahrgeschütze. Sie wurden in erster Linie zur direkten Unterstützung der Panzer entwickelt und gehörten mehr zur Klasse der Jagdpanzer wie der deutsche „Jagdpanther" oder „Jagdtiger". Sie führten Sprenggranaten und panzerbrechende Granaten mit.

Deutsche Panzerfeldhaubitze 105 *(ex Char B)*
Als eine der Hauptstützen der französischen Panzertruppen hatte der Char B den deutschen Panzerbesatzungen im Westfeldzug 1940 Respekt abgefordert, weil er recht gut gepanzert war. Muster des Char B und des Hotchkiss wurden als Selbstfahrlafetten in die Wehrmacht übernommen. *Besatzung:* 4 Mann; *Gewicht:* 31 t; *Panzerung:* max. 60 mm; *Bewaffnung:* eine 105-mm-Haubitze, ein 7,02-mm-MG; *Geschwindigkeit:* 25,5 km/h; *Fahrbereich:* 180 km.

Deutsche Panzerfeldhaubitze 105 *(ex Hotchkiss)*
Dieses Fahrzeug – eine gepanzerte Feldhaubitze – ist aus dem französischen Panzer H-35 entstanden, der nach der französischen Niederlage von 1940 in großer Zahl von der Wehrmacht erbeutet wurde. *Besatzung:* 4 Mann; *Gewicht:* 12,2 t; *Panzerung:* max. 34 mm; *Bewaffnung:* eine 105-mm-Feldhaubitze; *Geschwindigkeit:* 25 km/h; *Fahrbereich:* 120 km.

Sowjetischer JSU-152
Die Russen gehörten zu den ersten, die ein mittleres Selbstfahrgeschütz, wie es der JSU-152 war, entwickelten. Er basierte auf dem Kampfpanzer JS-1 und wurde später durch modernere Typen überholt. Die Fertigung erfolgte in großen Stückzahlen. Er verlieh den Angriffsspitzen der Roten Armee durch seine Feuerunterstützung zusätzliches Gewicht. *Besatzung:* 5 Mann; *Gewicht:* 46 t; *Panzerung:* max. 90 mm; *Bewaffnung:* eine 152-mm-Kanone, ein 12,7-mm-MG; *Geschwindigkeit:* 36,5 km/h; *Fahrbereich:* 220 km.

Sowjetischer SU-122
Die Russen folgten der Praxis anderer Armeen und benutzten die Fahrgestelle erfolgreicher Panzertypen als Träger für Selbstfahrgeschütze. Darüber hinaus war die Rote Armee aber in der Lage, größere und schwerere Kanonen auf hochentwickelten Fahrgestellen einzusetzen. Der SU-122 benutzte das T-34-Fahrgestell. *Besatzung:* 5 Mann; *Gewicht:* 30,9 t; *Panzerung:* max. 45 mm; *Bewaffnung:* eine 122-mm-Kanone; *Geschwindigkeit:* 55 km/h; *Fahrbereich:* 375 km.

John Batchelor

Im Westfeldzug griffen „Matildas“ am 21. Mai 1940 Rommels motorisierte Infanterieregimenter in der Flanke mit verheerender Wirkung an. Hierzu Rommels eigene Worte: „Die Panzerabwehrkanonen, die wir schnell einsetzten, erwiesen sich als viel zu leicht, um gegen die schwer gepanzerten, britischen Panzer wirksam zu sein.“ Die Panzerstärke des „Matilda“ war für die Deutschen völlig neu und ließ sie die schwerwiegenden Mängel der Panzerungen ihrer eigenen Panzer erkennen. Diese Mängel waren aber noch nicht behoben, als das Afrikakorps in der Wüste erneut auf den „Matilda“ stieß.

Pzkw IV passieren einen erbeuteten britischen Bren-Gun-Carrier in der Libyschen Wüste. Der Panzerkampfwagen IV war der einzige deutsche Panzer, der den ganzen Krieg hindurch gebaut wurde und im Einsatz stand. Er war bis zur Einführung des Pzkw V Panther das Rückgrat der deutschen Panzerkorps.

Der britische Crusader-Panzerkampfwagen (Cruiser Mk. VI) wurde erstmals im Juni 1941 in der Libyschen Wüste eingesetzt. Sein Einsatz wurde durch seine technischen Unzuverlässigkeiten und seine schwache 4-cm-Kanone sehr negativ beeinflußt. Dieses Bild zeigt die Ausführung Mark III beim Schießen mit der stärkeren 5,7-cm-Kanone, die 1942 eingeführt wurde.

Typ:
Matilda

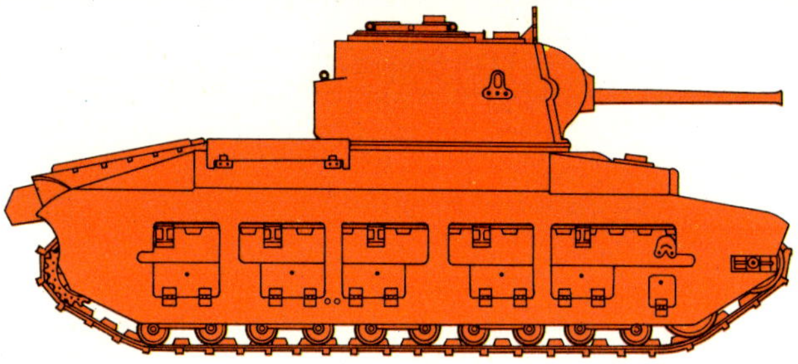

Kanone: 2pfünder (40 mm)
Max. Panzerstärke: 80 mm
Mündungsgeschwindigkeit: 808 m/s
Geschoßgewicht: 0,9 kg
Kanone: 75 mm
Max. Panzerstärke: 30 mm
Mündungsgeschwindigkeit: 425 m/s (Sprgr.)
Geschoßgewicht: 6,7 kg

Typ:
Sherman

Kanone: 75 mm
Max. Panzerstärke: 81 mm
Mündungsgeschwindigkeit: 701 m/s
Geschoßgewicht: 6,6 kg
Kanone: 75 mm mit Langrohr
Max. Panzerstärke: 80 mm
Mündungsgeschwindigkeit: 750 m/s (Pzgr.)
Geschoßgewicht: 6,7 kg

Typ:
T-34/85

Kanone: 85 mm
Max. Panzerstärke: 75 mm
Mündungsgeschwindigkeit: 793 m/s (Pzgr.)
Geschoßgewicht: 9,67 kg
Kanone: 75 mm
Max. Panzerstärke: 120 mm
Mündungsgeschwindigkeit: 935 m/s (Pzgr.)
Geschoßgewicht: 6,7 kg

Typ:
Sherman Firefly

Kanone: 17pfünder (76,2 mm)
Max. Panzerstärke: 81 mm
Mündungsgeschwindigkeit: 884 m/s bis 1204 m/s
Geschoßgewicht: 7,7 kg
Kanone: 88 mm
Max. Panzerstärke: 110 mm
Mündungsgeschwindigkeit: 810 m/s (Sprgr.)
Geschoßgewicht: 10,2 kg

Typ:
JS-2

Kanone: 122 mm
Max. Panzerstärke: 160 mm
Mündungsgeschwindigkeit: 893 m/s
Geschoßgewicht: 18 kg
Kanone: 128 mm
Max. Panzerstärke: 250 mm
Mündungsgeschwindigkeit: 915 m/s
Geschoßgewicht: 26,1 kg